Gerd Schrammen

Lese – Lust

Schönes Deutsch von den Anfängen bis heute

IFB Verlag Deutsche Sprache

Bibliographische Information
der Deutschen Bibliothek:

Die Deutsche Bibliothek verzeichnet diese
Publikation in der Deutschen
Nationalbibliographie: detaillierte bibliographische
Daten sind im Internet über http://dnb.ddp.de
abrufbar.

Erste Auflage 2016

Druck: Janus Druck, Borchen

ISBN 978-3-942409-54-4

Gerd Schrammen

Lese – Lust

Schönes Deutsch
von den Anfängen bis heute

IFB Verlag Deutsche Sprache

Inhalt

Vorwort

Meine Sammlung schöner Texte kommt aus Büchern, die ich besonders gern gelesen habe. Zum Teil sind es weniger berühmte Werke. *Reineke Fuchs* anstelle von *Werther* oder *Iphigenie*, *Mathilde Möhring* und nicht *Effi Briest*, das Märchen *Die kluge Else* statt Hölderlins *Hyperion.* Aber einige anerkannte Titel der deutschen Literatur sind dabei. Das *Nibelungenlied* neben dem *Simplicissimus* und der *Doktor Faustus* neben dem *Erdbeben in Chili.* Schillers *Kabale und Liebe,* der *Radetzkymarsch* von Joseph Roth, Heinrich Bölls *Gruppenbild mit Dame.* Mein Spaß an solchen Texten deckt sich mit deren Anerkennung als große Literatur.

Die abgedruckten Texte bieten Einblicke in wichtige Werke, meine Vorreden Ausblicke auf größere Zusammenhänge. Außer der Chronologie der Erscheinungsdaten ist diese Sammlung wenig systematisch. Die vorangestellten Erläuterungen sind unakademisch und, wie ich hoffe, frei von Gelehrsamkeit. In diesen Einleitungen findet der Leser ein paar Sätze über den Entwicklungsroman, das Bürgerliche Trauerspiel und das Märchen. Ebenso über elementare Eigenschaften von Lyrik; die geschichtlichen oder gesellschaftlichen Zustände rund um die Werke und den kreativen Anteil des Lesers, in dessen Kopf sich das literarische Werk ereignet.

Erläuterungen zu sprachlichen Besonderheiten gehen auf meine philologischen Neigungen zurück. Ich verweise hin und wieder auf Dialekte oder die fremde Sprache zeitlich ferner Texte. Und erwähne das Vergnügen, das sie mir bereiten.

In den Geschichten geht es nicht immer lieblich zu. Ein strahlender junger Fürst wird ermordet, Kinder werden erschlagen, ein Musiklehrer flucht, ein Jüngling furzt. Im Lager entsorgen Gefangene die gefrorenen Leichen ihrer Kameraden. Sind solche Schilderungen „schönes“ Deutsch? Die Frage verlangt eine ausführliche Antwort. Aber begnügen wir uns damit, daß hier eine Leselust entsteht, die vergleichbar ist mit dem seelischen Wohlbefinden, das eine innige Liebesgeschichte oder schöne Verse in uns auslösen. Es geht um Faszination. Um eine Art von Reiz, der nicht allein an das Schöne gebunden ist. Er kann auch von häßlichen, schrecklichen oder moralisch verwerflichen Dingen und Vorgängen ausgehen – wenn diese schön dargestellt sind. Andere Eigenschaften, mehr inhaltliche, mögen hinzukommen: Genugtuung über die Entlarvung von Betrug, Aufdeckung von Verbrechen, Verurteilung grausamer Handlungen, Entlastung durch Tabubrüche.

Das Kapitel über Eva Manesse hat Monika Elias beigesteuert. Ich wünsche mir, daß diese 39 Textstücke dem Leser Freude bereiten. Und daß sie Neugierde wecken und anregen zur Lektüre der Werke, aus denen sie stammen.

G.S.

Der arme kranke Heinrich

Das Herzblut einer Jungfrau soll ihn retten. Herr Heinrich ist an der *miselsucht* erkrankt. Gott hat ihm den Aussatz geschickt. Mitten im prachtvollen Leben überkommt den jungen, schönen, gebildeten und reichen Ritter die furchtbare Krankheit. Es sieht aus, als wolle Gott ihn strafen – aber wofür? Das bleibt offen. Vielleicht weil Heinrich über den Freuden seines weltlichen Daseins nicht mehr an Gott gedacht, ihn ganz vergessen hat. Aber die Geschichte des beklagenswerten Ritters Heinrich schildert weniger ein Vergehen, das bestraft wird, als eine Bewährungsprobe, in die Gott zwei Menschen schickt.

Die Jungfrau findet sich. Nach dem Ausbruch seiner Krankheit hat Heinrich seine gesamte Habe weggegeben und ist bei freundlichen Meiersleuten untergekommen. Deren Tochter ist ihm in treuer Anhänglichkeit zugetan, seine kindliche Braut. Die schickt sich an, für ihren Herrn zu sterben. Beide machen sich auf nach Salerno in Süditalien, wo ein fähiger Arzt sein grausames Werk verrichten soll.

Salerno war im Mittelalter eine Hochburg der Medizin. Unter Nutzung des medizinischen Wissens der Araber nahmen Ärzte Schädelöffnungen vor oder nähten beschädigte Luftröhren. Sie kannten auch die Narkose, bei der die Patienten die Ausdünstungen von mit Opium getränkten „Schlafschwämmen" einatmeten.

Aus solchem Stoff hat Hartmann eine spannende Geschichte gemacht. Ungefähr 1200 wird das gewesen sein. Sie besteht aus 1520 vierhebigen Versen, die sich paarweise reimen. *Der arme Heinrich* ist in der Mittelhochdeutschen Dichtersprache geschrieben. Das war eine Art Hochsprache mit wenig Mundart und für das gebildete Publikum an den adligen Höfen gedacht. Der *Tristan* Gottfrieds von Straßburg, Wolframs *Parzival*, das *Nibelungenlied* oder die Minnelieder Walthers von der Vogelweide sind in dieser Sprache überliefert.

Der heutige Leser wird Hartmanns Text zum Teil verstehen. Sätze wie *swaz dir got hât beschert, daz lâ allez geschehen.* Oder *Nû lâc bî im ein harte guot wetzestein,* werden ihm zugänglich sein. Vorsicht ist geboten bei Wörtern, die wir heute gebrauchen, die im Mittelalter aber eine abweichende oder völlig andere Bedeutung hatten. Das Wort *milte* bedeutet „Freigebigkeit", *arbeit* ist neben „Arbeit" auch „Not", *ernern* heißt nicht „ernähren", sondern „heilen" oder „retten". Bei Ausdrücken wie *mâge* (Verwandtschaft), *brœde* (schwach, hinfällig), *witze* (Klugheit, Verstand) oder *phelle* (Seide) hilft nur noch das mittelhochdeutsche Wörterbuch – oder eine Übersetzung.

Wer eine zweisprachige Ausgabe erwirbt, kann den alten Text auf sich wirken lassen und ihn zugleich verstehen. Dieses Deutsch aus fernen Zeiten mit seinen Abweichungen von unserer heutigen Sprache rührt uns, weil es anders ist und dieser doch ähnlich.

Das Mädchen – es hat übrigens keinen Namen und heißt nur *maget* oder *kint,* einmal auch *fröuwelîn,* womit sie zur kleinen Adligen wird – ist geradezu versessen darauf, sich für Heinrich zu opfern und so das ewige Leben zu erwerben. Mit klugen Argumenten zerstreut es die Bedenken der Eltern und versucht deren Schmerz über den Verlust der Tochter zu mindern. Den Arzt, der zögert, die blutige Tat zu vollbringen, schilt sie einen Angsthasen: *ir sît eines hasen genôz.* Das kann man „Heilsegoismus" nennen.

Es geht in dieser Geschichte nicht nur hehr und heilig zu, an einigen Stellen eher erdnah und praktisch. Die Eltern denken an die Armut, in die sie zurückfallen, wenn Heinrich an der Krankheit stirbt, und wünschen seine Heilung. Der Raum, in dem der Arzt das nackte und gefesselte Mädchen auf einen Tisch bettet, ist fest verriegelt. Niemand soll ihn bei seinem Handwerk stören. Das Messer wird geschliffen, damit es besser schneidet. Die Wand hat Risse. Heinrich späht hindurch und ist entzückt vom Liebreiz des Mädchens und seinem jungen Leib. Die völlige Nacktheit des Mädchens entspricht nicht der damaligen medizinischen Praxis. Die Entblößung der Brust hätte ausgereicht. Daß in Hartmanns Erzählung die junge Frau ganz unbekleidet erscheint, ist ein Stück Erotik in der hochreligiösen Geschichte, wurde aber auch als Zeichen für kindliche Unschuld verstanden.

Den Leser bewegt die Frage: Wie ist das mit dem Herzblut der jungen Frau? Im Text finden wir: *der maget herzebluot: daz wære vür iuwer sucht guot.* Sollen mit dem Blut der reinen Jungfrau die Schwären an Heinrichs Körper bestrichen und geheilt werden. Soll er es trinken oder gar das Herz verzehren?

Das Trinken von Blut gibt es in der abendländischen Literatur und in älteren heidnischen Kulturen. Genau betrachtet auch im christlichen Abendmahl. Die Vampirgeschichten um Graf Dracula gehen auf rumänische Volkssagen und englische Schriftsteller des 19. Jahrhunderts zurück. Wir haben Filme gesehen wie *Tanz der Vampire* mit Roman Polanski oder Klaus Kinski *in Nosferatu.* Die Spanier berichteten über die mittelamerikanischen Azteken und Maya, daß sie Menschen opferten, um mit deren Blut die Götter am Leben zu erhalten. Ein Abglanz barbarischer Bräuche steckt allemal im christlichen Abendmahl, wenn die Gläubigen aus dem Kelch trinken und der Pfarrer die Worte Jesu murmelt: „Das ist mein Blut." Bei Matthäus steht: „Und er nahm den Kelch und sprach: Trinket alle daraus; das ist mein Blut."

Doch die Frage nach dem Herzblut erweist sich am Ende als müßig. Die grausame Handlung kommt zum Stehen und schlägt um. Der Arzt hebt das Messer, aber Heinrich fordert ihn auf, die blutige Tat nicht auszuführen. Alles – wie bei dem mit Schwären geplagten Hiob – war nur eine von Gott auferlegte Prüfung. Heinrich hat sie bestanden. Er wird geheilt.

Beide kehren nach Schwaben zurück und heiraten. So wenden die schlimmen Ereignisse sich zum erbaulichen Exempel und haben eine Lehre: Opfersinn ist gefragt bis zum Äußersten. Das gilt für das Mädchen – das sich allerdings mit der Hingabe ihres Lebens einen Platz im Jenseits zu erkaufen trachtet. Heinrich indessen widersteht der Versuchung, das Opfer anzunehmen. Damit haben sich beide Figuren bewährt, und Gott belohnt sie mit Gesundheit und Glück.

Es ist keine Zeitverschwendung, sich in Hartmanns erbauliche Geschichte zu vertiefen. *Der Arme Heinrich* ist vielfach nachgedichtet und umgedeutet worden. Die Liebesgeschichte zwischen dem aussätzigen Ritter und der Bauerntochter, das unverfälschte Denken und Empfinden des einfachen Volkes und dessen Frömmigkeit haben Literaten des 19. und 20. Jahrhunderts zu Neuschöpfungen angeregt. In Adalbert von Chamissos umfangreicher Ballade von 1839 lesen wir über Ketten und ein krummes Messer, das der Arzt mehrmals schärft, um das Herzblut des Mädchens zu gewinnen. Die Brüder Grimm nahmen den *Armen Heinrich* in ihre Kinder- und Hausmärchen (1813) auf. Hans Pfitzner komponierte 1895 eine Oper über den Stoff des *Armen Heinrich.* Ludwig Richter malte Bilder zu Hartmanns Text.

*

Diu miselsucht

An hern Heinrîche wart wol schîn:	An Herrn Heinrich wurde folgendes deutlich:
der in dem hoehsten werde lebet ûf dirre erde, derst der versmâhte vor gote.	Wer in höchster Wertschätzung auf dieser Erde lebt, der steht als der Verschmähte vor Gott.
er viel von sînem gebote ab sîner besten werdekeit in ein smaehlîchez leit: In ergreif diu miselsuht. dô man die swaeren gotes zuht	Er stürzte auf Gottes Gebot von seinem höchsten Ansehen in ein schmachvolles Leiden: denn ihn befiel der Aussatz. Als man diese schwere Züchtigung Gottes

ersach an sînem lîbe,	an seinem Körper bemerkte,
manne unde wîbe	da wurde er Männern und Frauen
wart er dô widerzaeme.	widerwärtig.

Heinrich besinnt sich

Nû er sî alsô schœne sach,	Als er sie in ihrer Schönheit sah
wider sich selben er dô sprach:	sagte er zu sich selbst:
,dû hâst einen tumben gedanc	„Es ist töricht von dir, zu denken,
daz dû sunder sînen danc	daß du ohne die Zustimmung dessen
gerst zu lebenne einen tac	auch nur einen Tag leben willst,
wider den nieman niht enmac.	gegen den keiner etwas ausrichten kann.
dû enweist ouch rechte, waz dû tuost,	Du weißt auch nicht recht, was du tust,
sît dû benamen ersterben muost,	da du doch bestimmt sterben mußt,
daz dû diz lasterlîche leben	wenn du dieses schändliche Leben,
daz dir got hât gegeben,	das dir Gott gegeben hat,
niht vil willeclîchen treist	nicht ganz bereitwillig trägst,
und ouch dar zuo niene weist,	und wo du außerdem nicht weißt,
ob dich des kindes tôt ernert.	ob dich der Tod des Kindes rettet.

swaz dir got hât beschert,	Alles, was dir Gott gegeben hat,
daz lâ allez geschehen.	das laß geschehen.
Ich enwil des kindes tôt niht sehen.’	Ich will den Tod des Kindes nicht sehen.“
Des bewac er sich zehant	Dazu entschloß er sich sogleich,
und begunde bôzen an die want:	und er begann, an die Wand zu klopfen:
er hiez sich lâzen dar in.	Er verlangte, hereingelassen zu werden.
Dô gienc der arme Heinrich hin,	Da ging der arme Heinrich dorthin,
dâ er die maget gebunden sach.	wo er das Mädchen gebunden sah;
zuo dem meister er dô sprach:	zu dcm Meister sagte er:
‚Diz kint ist alsô wünneclich	„Dieses Kind ist so wunderschön,
zewâre jâ enmac ich sînen tôt niht gesehen.	wahrhaftig, ich kann seinen Tod nicht mit ansehen.
gotes wille müeze an mir geschehen!	Gottes Wille soll an mir gcschehen!
wir suln sî wider ûf lân.	Nun lassen wir sie wieder frei.
als ich mit iu gedinget hân.	Wie ich es mit Euch verabredet habe,
daz silber daz wil ich iu geben.	will ich Euch mit Silber bezahlen.
ir sult die maget lâzen leben.’	Laßt das Mädchen am Leben.“
Daz hôrte vil gerne	Das hörte sehr gerne

der meister von Salerne	der Meister von Salerno,
und volgete im zehant.	und er folgte ihm sogleich.
die maget er wider ûf bant.	Er band das Mädchen wieder los.

Die Probe

Do erkande ir triuwe und ir nôt	Die Treue und die Not des Mädchens erkannte da
cordis speculator,	der in die Herzen sieht,
vor dem deheines herzen tor	vor dem die Türe eines Herzens
vürnames niht beslozzen ist.	niemals verschlossen bleibt.
sît er durch sînen süezen list	Als er nach seinem liebevollen Plan
an in beiden des geruochte,	an ihnen beiden dargetan hatte,
daz er sî versuochte	daß er sie so gründlich
rehte alsô vollecîchen	auf die Probe stellte
sam Jôben den rîchen,	wie den reichen Hiob,
dô erzeicte der heilic Krist,	da zeigte der heilige Christus,
wie liep im triuwe und bärmde ist,	wie lieb ihm Treue und Erbarmen sind
und schiet sî dô beide	und erlöste sie beide
von allem ir leide	von ihrem ganzen Leid

und machete in dâ	und machte ihn
zestunt	sogleich
reine unde wol	rein und völlig
gesunt.	gesund.

Hartmann von Aue: Der arme Heinrich (1190)

Eine ähnliche Fassung in: *Edelsteine.* 107 Sternstunden der deutschen Sprache. Paderborn IFB Verlag Deutsche Sprache, 2014

Kriemhilt diu schœne und der küene Sîfrit

Um 1200 schrieb ein mittelalterlicher Dichter das *Nibelungenlied,* genauer: Er schrieb es *auf.* Wir kennen ihn nicht. Aber er kannte die bewegende Geschichte von Haß, Heimtücke, Liebe, heldischen Taten und blutigem Gemetzel aus mündlicher Überlieferung. Es waren kurze oder längere Sagen über die in Worms siedelnde fränkische Sippe der Nibelungen. Ähnliches gab es im Norden Europas, wo später die Ereignisse um Siegfried und Kriemhild – sie hießen dort Sigurd und Gudrun – in der altisländischen *Edda* zusammengefaßt wurden.

Die Figuren der Erzählung waren miteinander verwandt, gehörten durch Geburt oder Ehe derselben Familie an. Die schon für die griechische Tragödie gültige Auffassung, daß diejenigen Handlungen uns am stärksten erschüttern, die sich unter einander nahestehenden Menschen ereignen, beherrscht auch das Nibelungenlied. Die Gemahlin des Bruders und dessen Schwester beschimpfen sich, der Schwager zähmt die Braut, der Vetter tötet den Mann der Schwester, die tötet ihn.

Die ersten beiden Strophen des *Nibelungenliedes* bieten einen Ausblick auf die kommende Handlung. Auch das ist uraltes episches Handwerk und begegnet uns in Homers *Ilias* oder Vergils *Aeneis.* Aus alten Erzählungen haben wir Kunde von berühmten Menschen und großen Taten. In alles ist Kriemhild verwickelt, die schön ist, aber Verderben heraufbeschwört, und um derentwillen große Männer sterben.

Kriemhild ist die Schwester des burgundischen Königs Gunther und mit dessen Gefolgsmann Siegfried verheiratet. Brünhild, eine isländische Prinzessin, ist seine Gemahlin. Bei einem Kirchgang kommt es zum Streit zwischen beiden Frauen. Als Königin besteht Brünhild auf dem Vorrecht, das Gotteshaus als erste zu betreten. Sie erinnert Kriemhild daran, daß ihr Mann Gunthers Untergebener ist. Diese tischt der Schwägerin ein paar unangenehme Wahrheiten auf: In der Hochzeitsnacht hat der mit Riesenkräften ausgestattete Siegfried das bärenstarke Mädchen Brünhild aus Island niedergezwungen und ihr Gürtel und Ring abgenommen. Danach erst konnte Gunther die Hochzeit mit ihr vollziehen. Kriemhild vermutet, daß Siegfried mit Brünhild geschlafen hat. Sie nennt Brünhild *kebse* – Nebenfrau, Hure, uneheliche Geliebte – und geht als erste ins Münster.

Die ungeheure Beleidigung schreit nach Rache. Siegfried, dem die Burgunder auch gefährliches Machtstreben unterstellen, muß beseitigt werden. Für dieses Geschäft ist Gunthers Vetter Hagen zuständig.

Mittels einer List hat er Kriemhild dazu gebracht, auf Siegfrieds Gewand ein Zeichen aufzunähen, wo dieser verwundbar ist. Nach der Tötung eines Drachen badete Siegfried in dessen Blut. Dadurch überzog sich sein Körper mit einer undurchdringlichen Hornschicht. Nur zwischen den Schultern, wo sich ein Lindenblatt niedergelassen hatte, blieb eine ungeschützte Stelle. Dort trifft ihn Hagens Speer. Siegfried stirbt. Die Mörder stellen seine Leiche auf einer Bahre vor Kriemhilds Gemach. Als sie am Morgen den toten Gemahl erblickt, fällt sie schreiend in Ohnmacht. Die Geschichte geht weiter: Kriemhild heiratet den Hunnenkönig Etzel und lädt dazu ihre burgundische Verwandtschaft ein. Bei dem Fest wiegelt sie Hunnen und Burgunder gegeneinander auf. Es kommt zum Kampf, der in einem Blutbad endet. Alle sterben. Kriemhild tötet den gefesselten Hagen. Sie stirbt als letzte: Der Ritter Hildebrand schlägt ihr den Kopf ab.

*

Uns ist in alten maeren

Uns ist in alten mæren wunders vil geseit
von heleden lobebæren, von grôzer arebeit,
von fröuden, hôchgezîten, von weinen und von klagen,
von küener recken strîten muget ir nu wunder
hœren sagen.

Uns wird in alten Erzählungen viel Wunderbares berichtet von berühmten Helden, großer Mühsal, von glücklichen Tagen und Festen, von Tränen und Klagen und vom Kampf tapferer Recken könnt Ihr jetzt Erstaunliches erfahren.

Ez wuohs in Burgonden ein vil edel magedîn,
daz in allen landen niht schœners mohte sîn,
Kriemhilt geheizen; si wart ein schœne wîp.
dar umbe muosen degene vil verliesen den lîp.

Es wuchs im Burgundenland ein junges Edelfräulein heran, so schön wie keine andere auf der Welt, Kriemhild hieß sie. Später wurde sie eine schöne Frau. Ihretwegen mußten viele Ritter ihr Leben verlieren.

Wie diu küneginne einander schulten

Zesamne si dô kômen vor dem münster wît.
ez tet diu hûsvrouwe durch einen grôzen nît,
si hiez vil übelliche Kriemhilde stille stân:
„jâ sol vor küniges wîbe niht eigendiu gegân.“

Die beiden Königinnen trafen vor dem weiträumigen Münster aufeinander. Die Landesherrin handelte aus großem Haß.

Sie befahl Kriemhild in scharfem Ton stehenzubleiben: „Ja, vor der Gemahlin des Königs darf die Frau eines Leibeigenen nicht den Vortritt haben.“

Dô sprach diu schœne Kriemhilt, zornec was ir muot:
„kundestu noch geswîgen, daz wære dir guot.
du hâst geschendet selbe den dînen schœnen lîp.
wi mohte mannes kebse werden immer küniges wîp?“

Da sagte die schöne Kriemhild voll Zorn: „Hättest Du nur geschwiegen, wäre das gut für Dich gewesen. So aber hast Du Dich selbst entehrt. Wie hätte denn jemals die Nebenfrau eines Leibeigenen die Frau eines Königs werden können?“

„Wen hâstu hie verkebset?“, sprach dô des küniges wîp.
„daz tuon ich“, sprach Kriemhilt, „den dînen schœnen lîp,
den minnet êrste Sîfrit, der mîn vil lieber man.
jâne was ez niht mîn bruoder, der dir den magetuom angewan.“

„Wen hast Du hier Nebenfrau genannt?“, fragte da die Frau des Königs. „Ja“, antwortete Kriemhild, „ich meine Deinen schönen Körper. Den hat zuerst Siegfried, mein lieber Mann, besessen. Es war nämlich nicht mein Bruder, der Dir die Unschuld genommen hat.“

„War kômen dîne sinne? ez was ein arger list.
zwiu lieze du in minnen, sît er dîn eigen ist?
ich hœre dich“, sprach Kriemhilt, „ân alle schulde klagen.“
„entriuwen“, sprach dô Brünhilt, „daz wil ich Gunthere sagen.“

„Wo ist bloß Dein Verstand geblieben? Es war eine böse Täuschung! Wieso hast Du Dich von ihm lieben lassen, da er Dein Leibeigener ist? Ich höre Dich“, sagte Kriemhild, „ohne jede Berechtigung klagen.“ „Wahrhaftig“, sprach da Brünhild, „das werde ich Gunther sagen.“

„Waz mac mir daz gewerren? dîn übermuot dich hât betrogen.
du hâst mich ze dieneste mit rede dich an gezogen.
daz wizze en rehten triuwen, ez ist mir immer leit.
getriuwer heinliche sol ich dir wesen unbereit.“

„Was kann das mich angehen? Deine Überheblichkeit hat Dich blind gemacht. Du hast mich mit Deinen Worten zur Dienerin erniedrigt. Das nimm auf Treu und Glauben zur Kenntnis: Diese Beleidigung werde ich nie vergessen. Mit dem vertrau-lichen Einvernehmen zwischen uns ist es jetzt aus.“

Brünhilt dô weinde. Kriemhilt niht langer lie,
vor des kuniges wîbe inz münster si dô gie
mit ir ingesinde. da huop sich grôzer haz.
des wurden ir liehtiu ougen vil starke trüeb und naz.

Da weinte Brünhild. Kriemhild zögerte nicht länger und zog vor der Frau des Königs in das Münster mit ihrem Gefolge ein. Daraus entstand eine bittere

Feindschaft. Deshalb wurden ihre glänzenden Augen sehr trüb und nass.

Wie Sifrit erslagen wart

Der brunne, der was küele, lûter unde guot.
Gunther sich dô neigete nider zuo der fluot.
als er het getrunken, dô riht er sich von dan.
alsam het ouch gerne der küene Sîfrit getan.

Die Quelle war kühl, klar und gut. Gunther bückte sich zum Wasser. Als er getrunken hatte, richtete er sich auf und trat beiseite.
Das Gleiche hätte der tapfere Siegfried auch gerne getan.

Dô engalt er sîner zühte. den bogen unt daz swert,
daz truoc allez Hagene von im dannewert.
dô sprang er hin widere, dâ er den gêr dâ vant.
er sach nâch einem bilde an des küenen gewant.

Da musste er für seine höfische Erziehung büßen. Den Bogen und das Schwert trug Hagen von ihm fort. Dann rannte er zur Linde, wo er den Speer fand. Er zielte auf ein Zeichen an der Kleidung des kühnen Mannes.

Dâ der herre Sîfrit ob dem brunnen tranc,
er schôz in durch daz kriuze, daz von der wunden spranc
daz bluot im von dem herzen vaste an Hagenen wât.
sô grôze missewende ein helt nimmer mêr begât.

Als Herr Siegfried über die Quelle gebeugt trank, schoß Hagen durch das Kreuz hindurch, so daß aus der Wunde viel Blut vom Herzen bis an Hagens Kleidung sprang.

Eine so folgenschwere Untat wird nie wieder ein Held begehen.

Den gêr im gein dem herzen er dô stecken lie.
alsô grimmelichen ze flühten Hagen nie
gelief noch in der werlde vor deheinem man.
dô sich der herre Sîfrit der grôzen wunden versan,

Hagen ließ ihm den Speer im Herzen stecken. So unbändig wild war er noch nie und nirgends auf der Welt vor einem Mann geflohen. Als Herr Siegfried seine schwere Verwundung bemerkte,

der herre tobelichen von dem brunnen spranc.
im ragete von dem herzen ein gêrstange lanc.
der fürste wânde vinden bogen oder swert,
sô müese wesen Hagen nâch sînem dienste gewert.

sprang er tobend von der Quelle auf. Ihm ragte ein langer Gerschaft aus dem Herzen hervor. Der Fürst hoffte, Bogen oder Schwert zu finden. Dann wäre Hagen seinem verräterischen Dienst entsprechend entlohnt worden.

Dô viel in die bluomen der Kriemhilde man.
daz bluot von sîner wunden sach man vil vaste gân.
dô begonde er schelten, des gie im grôziu nôt,
di ûf in gerâten heten den ungetriuwen tôt.

Da sank Kriemhilds Gemahl in die blühende Wiese. Blut sah man aus seiner Wunde unaufhörlich fließen. Da begann er in seiner großen Not, die zu verfluchen, die treulos seinen Tod beschlossen hatten.

Di bluomen allenthalben von bluote wurden naz.
dô rang er mit dem tôde. unlange tet er daz,

want des tôdes wâffen ie ze sêre sneit.
dône mohte reden niht mêre der recke küen unt gemeit.

Die Blumen wurden überall vom Blute nass.
Da rang er mit dem Tode. Das dauerte nicht lange,
denn die Waffe des Todes hat immer sehr tief
geschnitten. Der kühne, stolze Recke konnte nicht
weitersprechen.

Dô die herren sâhen, daz der helt was tôt,
si leiten in ûf einen schilt, der was von golde rôt

Als die Herren sahen, daß der Held tot war,
legten sie ihn auf einen Schild aus rotem Gold.

Das Nibelungenlied (1200)

Es begab sich aber zu der Zeit

An der Weihnachtsgeschichte aus dem Lukasevangelium könnten wir herumtüfteln und fragen, ob der Zimmermann Joseph und seine Begleiterin Maria verheiratet oder verlobt waren. Oder waren sie nur ein Paar, ohne Verwaltungsakt oder Ritual, die ihre Verbindung besiegelt hätten? Und was heißt „Schätzung"? Eine Eintragung in Steuerlisten, um das Vermögen der Bürger zu ermitteln, oder eine bloße Zählung der Köpfe in der römischen Provinz Judäa? In einer Randglosse seiner Bibel merkt Luther dazu an: „Schetzen ist hie / das ein jeglicher hat müssen anzeigen / wie viel er vermöchte am gut."

Darüber ist gerätselt und eine Menge geschrieben worden. Wir tun gut daran, uns darauf nicht einzulassen. Geben wir uns dem Text Martin Luthers hin und lassen ihn auf uns wirken. Die Wucht seiner Sprache, ihren machtvollen Rhythmus und ihre Klarheit. Wahrhaft schönes Deutsch!

Die Gotische Bibel des Bischofs Wulfila bietet die Geschichte von der Geburt Jesu in gotischer Sprache. Wulfila lebte von 311 bis 383 und stammte aus Kleinasien, der heutigen Türkei. Seine Bibelübersetzung aus dem Griechischen ist 1650 Jahre alt.

Das Gotische ist eine Spielart des Gemeingermanischen, einer Vorsprache des Deutschen, aus der – über Zwischenstufen – neben unserer Sprache das Isländische und die übrigen nordischen Sprachen sowie das Englische und Niederländische hervorgingen. Die Ähnlichkeit zwischen dem gotischen Text und unserem heutigen Deutsch ist gering. Aber wer Lukas 2 genau gelesen hat, wird einige Wörter wiedererkennen. In *dagans jainans* haben wir „jene

Tage“, in *seinai baurg* „seine Stadt“. *Gabar sunu sainana* erkennen wir als „gebar ihren Sohn“ und *rumis* als „Raum“.

Auch *Beþlaihim* verstehen wir sofort. Das Wort enthält ein þ, die Dornenrune, auszusprechen wie englisch *th*, eine Besonderheit der gotischen Schrift. Im Deutschen wurde daraus ein *d* oder *t*: *warþ* (es geschah) zu „ward“, *miþ* zu „mit“, *þan* zu „dann“.

Der auf Wulfila folgende Text ist ein Auszug aus einer der ältesten Bibelübersetzungen von Martin Luther. Sie erschien 1535 und wurde gedruckt von Johannes Lufft in Wittenberg. Wer das 480 Jahre alte Buch in die Hand nimmt, empfindet Ehrfurcht. Der Ledereinband ist schäbig geworden. Von den beiden Schnallen, die die mächtigen Deckel zusammenhalten, hat sich eine gelöst. Das Papier ist gedunkelt, aber unversehrt, die Schrift gut erhalten.

Ich stelle mich auf die fremde Sprache ein: Substantive mit kleinen Anfangsbuchstaben: *zeit*, *gebot*, *welt*. Die ungewohnte Schreibung einiger Ausdrücke: *geschetzt*, *das* sowie *lies* (für „daß“ und „ließ“), *jglicher*, *jnn*. Das b am Ende von *darumb* werden die Deutschen zu Luthers Zeiten wohl gesprochen haben. Erheblich früher, im *Nibelungenlied*, so um 1200, hieß es noch „darumbe“. Die Schrägstriche, sogenannte „Virgeln“, trennen Wortgruppen voneinander ab und stehen meist da, wo wir heute ein Komma setzen.

Die Bibel von 1904 ist uns vertraut. Wir haben sie im Ohr seit unserer Kindheit. Und hatten nie Mühe, sie zu verstehen.

Die Fassung von heute hat allen Zauber ehrwürdiger Bibeltexte – wie auch zu Herzen gehender Weihnachtslieder – eingebüßt. Festliche Stimmung kommt nicht zustande. Das ist Alltagsdeutsch. Einfach, aber ohne jeden Reiz. Für *Herberge* steht „Gasthaus“, „sie erwartete ein Kind“ ersetzt *schwanger*. Statt *sie gebar ihren ersten Sohn* haben wir „sie bekam“. Solche Texte versteht jeder. Sie schrecken niemanden ab, wie das bei den älteren Fassungen wohl geschehen mag. Es gibt Leute, die das gut finden.

*

Wulfila

Warþ þan in dagans jainans, urrann gagrefts fram kaisara Agustau, gameljan allana midjungard. Soh þan gilstrameleins frumista warþ at wisandin kindina Swriais raginondin Saurim Kwreinaiau.

Jah iddjedun allai, ei melidai weseina, hwarjizuh in seinai baurg. Urrann þan jah Josef us Galeilaia, us baurg Nazaraiþ, in Iudaian, in baurg Daweidis sei haitada Beþlaihaim, duþe ei was us garda fadreinais Daweidie, anameljan miþ Mariin sei in fragiftim was imma qeins, wisandein inkilþon.

Warþ þan, miþþanei þo wesun jainar, usfullnodedun dagos du bairan izai. Jah gabar sunu seinana þana frumabaur jah biwand ina jah galagida ina in uzetin, unte ni was im rumis in stada þamma.

Wulfila: Aiwaggeljo þairh Lukan anastodeins (350 n. Chr.)

Luther 1535

Es begab sich aber zu der zeit / das ein gebot von dem Keiser Augusto ausgieng / das alle welt geschetzt würde. Vnd diese schetzung war die aller erste / vnd geschach zur zeit / da Kyrenios Landpfleger jnn Syrien war.

Vnd jderman gieng / das er sich schetzen liesse /ein jglicher jnn seine stad. Da machet sich auff auch Josef / aus Galilea / aus der stad Nazareth / jnn das Jüdische land / zur stad David / die da heisst Bethlehem / darümb das er von dem hause vnd geschlechte David war / auff das er sich schetzen lies mit Maria seinem vertrawten weibe / die war schwanger.

Vnd als sie daselbst waren / kam die zeit / das sie geberen sollte. Vnd sie gebar jren ersten Son / vnd wickelt jn jnn windeln / vnd leget jn jnn eine krippen / denn sie hatten sonst keinen raum jnn der herberge.

Das Newe Testament. D. Mart. Luth. Wittenberg. MDXXXV

Lutherausgabe 1904

Es begab sich aber zu der Zeit, daß ein Gebot von dem Kaiser Augustus ausging, daß alle Welt geschätzt würde. Und diese Schätzung war die allererste und geschah zurzeit, da Cyrenius Landpfleger in Syrien war.

Und jedermann ging, daß er sich schätzen ließe, ein jeglicher in seine Stadt. Da machte sich auf auch Joseph aus Galiläa, aus der Stadt Nazareth, in das jüdische Land zur Stadt Davids, die da heißt

Bethlehem, darum daß er von dem Hause und Geschlechte Davids war, auf daß er sich schätzen ließe mit Maria, seinem vertraueten Weibe, die war schwanger.

Und als sie daselbst waren, kam die Zeit, daß sie gebären sollte. Und sie gebar ihren ersten Sohn, und wickelte ihn in Windeln, und legte ihn in eine Krippe; denn sie hatten sonst keinen Raum in der Herberge.

Das Neue Testament nach D. Martin Luther (1904)

Heute

In dieser Zeit befahl Kaiser Augustus, alle Bewohner des römischen Reiches in Listen einzutragen. Eine solche Volkszählung hatte es noch nie gegeben. Sie wurde durchgeführt, als Quirinius Statthalter in Syrien war.

Jeder musste in seine Heimatstadt gehen, um sich dort eintragen zu lassen. So reiste Josef von Nazareth in Galiläa nach Bethlehem in Judäa. Denn er war ein Nachkomme Davids und in Bethlehem geboren. Josef musste sich dort einschreiben lassen, zusammen mit seiner Verlobten Maria, die ein Kind erwartete.

In Bethlehem kam für Maria die Stunde der Geburt. Sie brachte ihr erstes Kind, einen Sohn, zur Welt. Sie wickelte ihn in Windeln und legte ihn in eine Futterkrippe im Stall, denn im Gasthaus hatten sie keinen Platz bekommen.

Wie alt waren Joseph und Maria?
www.cosmiq.de (September 2009)

Diß leben kömmt mir vor alß eine renne bahn

Als Beweis für den Wert und die Schönheit der deutschen Sprache nennen wir gern Goethe und nehmen noch dessen Gefährten Schiller hinzu. Deutsch ist dann die „Sprache Goethes und Schillers“. Aber die deutsche Sprache brauchte nicht auf die beiden Leuchttürme der deutschen Dichtung zu warten, um sich zu Höhenflügen aufzuschwingen. Ein gutes Jahrhundert früher stoßen wir bereits auf großartiges Deutsch. Überwältigende Texte sind damals entstanden. Wir pflegen sie der Epoche des Barock zuzurechnen, die etwa von 1620 bis zum Beginn des 18. Jahrhunderts ging.

Zwei davon weiter unten. Sie handeln von Liebe und Tod, den großen Themen aller Lyrik. Auch von Gott, der Natur, den Schrecken der Zeit und vom Jammer des menschlichen Lebens.

Als Versmaß herrscht der aus Frankreich übernommene Alexandriner vor, eine zwölfsilbige Zeile mit einer „Zäsur“ in der Mitte. Beliebt war die Form des Sonetts, das die Italiener erfunden haben. In Deutschland nannte man es „Klinggedicht“.

Wie damals Deutsch aussah, zeigt der erste Text. Man muß genauer hinsehen, um hinter der fremden Gestalt das vertraute Wort zu erkennen. Lautes Lesen hilft.

Der schnelle Tag ist hin

Die Arbeit ruht, es wird Nacht, die Sterne ziehen auf. Das schwindende Licht dieses wirklichen Abends wird zum Bild für den Lebensabend. Der

Gedanke an das unvermeidliche Sterben stellt sich ein. Zwanghaft beinahe, und dem Wissen um die Allgegenwart des Todes entspringend. Es gehörte zum Lebensgefühl der Menschen um 1650 und widerspiegelt die Erfahrung von Zerstörung, Grausamkeit, Krankheit und leiblicher Not im mörderischen, dreißig Jahre währenden Krieg.

Wie ist die zeit verthan!, klagt das Ich. Einige Verse weiter spricht es von der *renne bahn* des Lebens. Die Wörter reimen durch ihren Gleichklang. Aber auch die Dinge reimen und werden einander ähnlich, wie das im guten Gedicht sein soll. Das Leben *ist* Leerlauf, angestrengte Betriebsamkeit ohne lohnendes Ziel. Eine Rennbahn, auch ein *Laufplatz* und damit nutzlos dahin gebrachte Zeit. Der Dichter erbittet Gottes Hilfe, wenn die Verlockungen und Gefahren des irdischen Daseins ihn bedrängen. Es sind Leid und Pracht, Lust und Angst. Gott möge ihn vor *pracht* und *lust* bewahren – minderwertige Inhalte des Lebens. Nach dem Tod wünscht der Dichter aus der *Finsternüß* des irdischen Daseins herausgeholt zu werden und aufgehoben zu sein in der Gemeinschaft mit Gott.

Der Dichter kennt die Übel des menschlichen Lebens und nennt sie. Aber wer oder was ist Gott? Helles, hilfreiches Licht, Ziel tiefer Sehnsucht, Möglichkeit glücklicher Gemeinschaft. Und weiter? Wir erfahren es nicht. Aber Gott ist da und wird angesprochen. Und das geringe Wissen über ihn wird aufgewogen durch gläubiges Vertrauen und Hoffnung auf seine Hilfe.

Der schnelle Tag ist hin
die Nacht schwingt jhre fahn

Vnd führt die Sternen auff.
Der Menschen müde scharen

Verlassen feld vnd werck
Wo Thier vnd Vögel waren

Trawert jtzt die Einsamkeit.
Wie ist die zeit verthan!

Der port naht mehr vnd mehr sich
zu der glieder Kahn.

Gleich wie diß licht verfiel
so wird in wenig Jahren

Jch du vnd was man hat
vnd was man siht hinfahren.

Diß Leben kömmt mir vor alß eine renne bahn.

Laß höchster Gott mich doch
nicht auff dem Lauffplatz gleiten

Laß mich nicht ach nicht pracht
nicht lust nicht angst verleiten.

Dein ewig heller glantz sey vor vnd neben mir

Laß wenn der müde Leib
entschläfft die Seele wachen

Vnd wenn der letzte Tag
wird mit mir abend machen

So reiß mich auß dem thal der Finsternüß zu dir.

Andreas Gryphius: Abend (1650)

*

Der bleiche Tod mit seiner kalten Hand

Die an alle Menschen gerichtete Mahnung *Memento mori* wird auf eine einzelne Person verengt. Am Beispiel einer schönen Frau veranschaulicht der Dichter die Auswirkungen des Todes. Sie wird in der Pracht ihres Leibes beschrieben und zugleich daran erinnert, daß sie einst ein modernder Leichnam sein wird. Die roten Lippen erbleichen, die warmen Schultern wandeln sich zu kaltem Sand, der hübsche Fuß wird zu Staub. Ihr berückender Körper zerfällt zur ekligen Sache. Sie wird zum „Madensack". So heißt es in anderen Texten. Eine schreckenerregende Vorschau – in wunderbaren Versen.

Der Dichter spricht die Frau mit *Du* an. Er mag sie kennen, sie geliebt haben. Hat sie ihn abgewiesen? Die Frage stellt sich, weil eine Spur von Häme, wohl auch von Rache, durch seine Rede hindurchklingt. Die Rache des verschmähten Dichters, der die Schönheit einer angebeteten Frau beschreibt und deren Zerstörung durch Alter und Tod, ist ein bekanntes poetisches Motiv. Es ist wie Psychoterror. Die entsetzlichen Bilder lösen Angst aus. Aber die letzten beiden Verse bieten Trost: Es gibt das *Hertze*, hart wie Diamant. Gute innere Eigenschaften? Sicher. Und allemal die Seele, die nach christlicher Auffassung unsterblich ist. Sie hat Bestand und mehr als alle Äußerlichkeiten wird sie die Zeiten überdauern.

*

Es wird der bleiche Tod mit seiner kalten Hand
Dir endlich mit der Zeit umb deine Brüste
streichen,
Der liebliche Corall der Lippen wird verbleichen,
Der Schultern warmer Schnee wird werden kalter
Sand;

Der Augen süsser Blitz, die Kräffte deiner Hand,
Für welchen solches fällt, die werden zeitlich
weichen.
Das haar, das itzund kan des Goldes Glantz
erreichen,
Tilgt endlich tag und jahr als ein gemeines band.

Der wohlgesetzte Fuß, die lieblichen Gebärden,
Die werden theils zu Staub, theils nichts und
nichtig werden,
Denn opffert keiner mehr der Gottheit deiner
pracht.

Diß und noch mehr als diß muß endlich
untergehen.
Dein Hertze kan allein zu aller Zeit bestehen,
Dieweil es die Natur aus Diamant gemacht.

Christian Hoffmann von Hoffmannswaldau:
Vergänglichkeit der Schönheit (postum 1695)

Bei den Würfelspielern

Deutschland im Dreißigjährigen Krieg. Der Knabe Simplicius flieht in den Wald. Soldaten haben das Dorf seines Großvaters im Spessart zerstört, die Frauen vergewaltigt und die Bauern zu Tode gequält. Er verbringt einige Zeit bei einem Einsiedler, nach dessen Tod er durch seine verwüstete Heimat zieht, „um Menschen zu suchen". Er wird von schwedischen Soldaten aufgegriffen.

Das Bauernkind Simplicius durchlebt – und überlebt – die Wirren einer heillosen Zeit. Hofnarr des schwedischen Festungskommandanten in Hanau und in Magdeburg eines kaiserlichen Generals, Strafe für einen dröhnenden Furz während eines Gastmahls von Offizieren, Gefangenschaft bei kroatischen Reitern, Musketier und Dragoner. Er lügt und betrügt, stiehlt und plündert. Ehefreuden, in Moskau militärischer Beistand des Zaren, Opernsänger in Paris, Seefahrt und Schiffbruch – und vieles, vieles mehr. Er steigt auf, stürzt ab und kommt immer wieder davon.

Thomas Mann sah in dem „Simplicissimus" ein Werk, „das in voller Frische fast drei Jahrhunderte überdauert hat ... ein Erzählwerk von unwillkürlichster Großartigkeit, bunt, wild, roh, amüsant, verliebt und verlumpt."

Großartig? Ja, sehr! Die Geschichte platzt vor einer Fülle sich überstürzender Ereignisse. Tumbe Arglosigkeit, hinter der sich Scharfsinn verbirgt, Glück im schlimmsten Unglück, grober Witz und ein hintersinniger Humor, aber auch eine ungebrochene Lebenskraft helfen dem Helden Simplicius, die sich wiederholenden Katastrophen zu überstehen. Am

Ende hat er genug vom eitlen Treiben und wird Einsiedler im Schwarzwald, später endgültig auf einer Insel im Meer.

Das alles wird erzählt in einer Sprache, die jeden, der das Buch aufschlägt, in ihren Bann zieht. Unflätig, derb, kraftvoll, poetisch, subtil, schön. Sätze, die über eine halbe Seite gehen und ohne Stocken an ihr Ziel gelangen. Dieses 350 Jahre alte Deutsch – wie alle älteren Texte – fesselt durch seine Fremdheit. Es ist wohlvertrautes sprachliches Gelände, in dem es jedoch wimmelt von exotischen Einsprengseln. *Schabhals* für „Geizkragen“, *gumpen* für „springen“, *zutäppisch* für „ungehobelt“, *heint* für „heute Nacht“ ... und so fort.

Der Weg des Helden durch die Schrecken des Dreißigjährigen Krieges und sein weises Ende sind als Entwicklung zu Höherem gedeutet worden. Und der ganze Text als Entwicklungs- oder Bildungsroman. Goethes *Wilhelm Meister* oder *Der Grüne Heinrich* von Gottfried Keller sind bekannte Beispiele. Aber klug und geradezu allwissend ist Simplicius schon als Knabe. In einem weisen Bild beschreibt er Hierarchie und Machtstreben im Militär. Sein tölpelhaftes Auftreten verdeckt den gerissenen Kerl. Er stellt sich dumm und ist doch schlau. Er versteht vieles und muß nur wenig dazulernen. Und sein Dasein ist kein Voranschreiten auf einer leidlich geradlinigen Lebensbahn, die ihn auf Stufen einem höheren Ziel entgegenführt. Es ist ein Nacheinander von chaotischen, lebensgefährlichen Situationen, aus denen er sich immer wieder herauswindet. Dahinter ist das Weltbild und sind die religiösen Anschauungen um die Mitte des 17. Jahrhunderts zu sehen. Zwischen

Weltsucht und Weltflucht, Diesseitsfreude und dem Bewußtsein, irgendwann doch als wurmzernagter Leichnam zu enden, sieht sich der Mensch schutzlos ausgeliefert einer Welt, in der das Grauen, die Zerstörung und das Leid überwiegen.

*

Ein so schrecklich und gefährlich Ding

Demnach stunden wir auf und kamen auf den Spielplatz da man mit Würfeln turnieret' und alle Schwür mit hundert tausend mal tausend Galleen, Rennschifflein, Tonnen und Stadtgräben voll usw. herausfluchte; der Platz war ungefähr so groß als der Alte Markt zu Köln, überall mit Mänteln überstreut und mit Tischen bestellt, die alle mit Spielern umgeben waren; jede Gesellschaft hatte drei viereckigte Schelmenbeiner, denen sie ihr Glück vertrauten, weil sie ihr Geld teilen, und solches dem einen geben, dem andern aber nehmen mußten: So hatte auch jeder Mantel oder Tisch einen Schunderer (Scholderer wollte ich sagen und hätte doch schier Schinder gesagt), dieses Amt war, daß sie Richter sein und zusehen sollten, daß keinem Unrecht geschehe; sie liehen auch Mäntel, Tisch und Würfel her, und wußten deswegen ihr Gebühr so wohl vom Gewinn einzunehmen, daß sie gewöhnlich das meiste Geld erschnappten, doch faselt' es nicht, denn sie verspieltens gemeiniglich wieder, oder wenns gar wohl angelegt wurde, so bekams der Marketender oder der Feldscherer, weil ihnen die Köpf oft gewaltig geflickt wurden.

An diesen närrischen Leuten sah man sein blaues Wunder, weil sie alle zu gewinnen vermeinten, welches doch unmöglich, sie hätten denn aus einer fremden Taschen gesetzt, und ob sie zwar alle diese

Hoffnung hatten, so hieß es doch: Viel Köpf, viel Sinn, weil sich jeder Kopf nach seinem Glück sann, denn etliche trafen, etliche fehlten; etliche gewannen, etliche verspielten: derowegen auch etliche fluchten, etliche donnerten; etliche betrogen und andere wurden besäbelt. Dahero lachten die Gewinner, und die Verspieler bissen die Zähn aufeinander; teils verkauften Kleider und was sie sonst lieb hatten, andere aber gewinneten ihnen das Geld wieder ab; etliche begehrten redliche Würfel, andere hingegen wünschten falsche auf den Platz und führten solche unvermerkt ein, die aber andere wieder hinwegwarfen, zerschlugen, mit Zähnen zerbissen und den Scholderern die Mäntel zerrissen. Unter den falschen Würfeln befanden sich Niederländer, welche man schleifend hineinrollen mußte, diese hatten so spitzige Rücken, darauf sie die Fünfer und Sechser trugen, als wie die mageren Esel darauf man die Soldaten setzt. Andere waren oberländisch, denselben mußte man die bayrische Höhe geben, wenn man werfen wollte: etliche waren von Hirschhorn, leicht oben und schwer unten gemacht: andere waren mit Quecksilber oder Blei und aber andere mit zerschnittenen Haaren, Schwämmen, Spreu und Kohlen gefüttert; etliche hatten spitzige Eck, an andern waren solche gar hinweggeschliffen; teils waren lange Kolben, und teils sahen aus wie breite Schildkrotten. Und alle diese Gattungen waren auf nichts anders als auf Betrug verfertigt, sie taten dasjenige, wozu sie gemacht waren, man mochte sie gleich wippen oder sanft schleichen lassen, da half kein Knüpfens, geschweige jetzt derer, die entweder zween Fünfer oder zween Sechser und im Gegenteil entweder zwei Eß oder zwei Daus hatten: Mit diesen Schelmenbeinern zwackten, laureten und stahlen sie einander ihr Geld ab, welches sie vielleicht auch geraubt oder wenigst mit Leib- und Lebensgefahr oder sonst saurer Mühe und Arbeit erobert hatten.

Als ich nun so da stund und den Spielplatz samt den Spielern in ihrer Torheit betrachtet, sagte mein Hofmeister, wie mir das Wesen gefalle? Ich antwortete: „Daß man so greulich Gott lästert, gefällt mir nicht, im übrigen aber lasse ichs in seinem Wert und Unwert beruhen, als eine Sach die mir unbekannt ist und auf welche ich mich noch nichts verstehe." Hierauf sagte mein Hofmeister ferner: „So wisse, daß dieses der allerärgste und abscheulichste Ort im ganzen Lager ist, denn hier sucht man eines andern Geld und verlieret das seinige darüber: Wenn einer nur einen Fuß hierhersetzt, in Meinung zu spielen, so hat er das zehente Gebot schon übertreten, welches will ‚Du sollst deines Nächsten Gut nicht begehren!' Spielest du und gewinnest, sonderlich durch Betrug und falsche Würfel, so übertrittest du das siebent und achte Gebot: Ja es kann kommen, daß du auch zu einem Mörder an demjenigen wirst, dem du sein Geld abgewonnen hast, wenn nämlich dessen Verlust so groß ist, daß er darüber in Armut, in die äußerste Not und Desperation oder sonst in andere abscheuliche Laster gerät, dafür die Ausred nichts hilft, wenn du sagst: Ich hab das Meinig darangesetzt, und redlich gewonnen; denn du Schalk bist auf den Spielplatz gangen, der Meinung, mit eines andern Schaden reich zu werden: Verspielest du denn, so ists mit der Buß darum nicht ausgericht, daß du des Deinigen entbehren mußt, sondern du hasts, wie der reiche Mann, bei Gott schwerlich zu verantworten, daß du dasjenige so unnütz verschwendet, welches er dir zu dein und der Deinigen Lebensaufenthalt verliehen gehabt! Wer sich auf den Spielplatz begibt zu spielen, derselbe begibt sich in eine Gefahr, darinnen er nicht allein sein Geld, sondern auch sein Leib, Leben, ja was das allerschrecklichste ist, sogar seiner Seelen Seligkeit verlieren kann. Ich sage dir dieses zur Nachricht, liebster Simplici, weil du vorgibst, das Spielen sei dir unbekannt, damit du dich all dein Leben lang davor hüten sollest."

Ich antwortete: „Liebster Herr, wenn denn das Spielen ein so schrecklich und gefährlich Ding ist, warum lassens dann die Vorgesetzten zu?" Mein Hofmeister antwortete mir: „Ich will nicht sagen darum, dieweil teils Offizier selbst mitmachen; sondern es geschieht deswegen, weil es die Soldaten nicht mehr lassen wollen, ja auch nicht lassen können, denn wer sich dem Spielen einmal ergeben oder welchen die Gewohnheit oder vielmehr der Spielteufel eingenommen, der wird nach und nach (er gewinne oder verspiele) so verpicht darauf, daß ers weniger lassen kann als den natürlichen Schlaf; wie man denn siehet, daß etliche die ganze Nacht durch und durch raßlen, und für das beste Essen und Trinken hinein spielen, und sollten sie auch ohne Hemd davongehen: Das Spielen ist bereits zu unterschiedlichen Malen bei Leib- und Lebensstraf verboten und aus Befehl der Generalität durch Rumormeister, Profosen, Henker und Steckenknecht mit gewaffneter Hand öffentlich und mit Gewalt verwehret worden; aber das half alles nichts."

Grimmelshausen: Simplicissimus (1669)

Worterklärungen

Galleen: Galeeren
Schelmenbeiner: knöcherne Würfel
Schunderer: Schuldner
Scholderer: Anbieter von Glücksspielen
Eß: Eins beim Würfelspiel
Daus: Zwei
Rumormeister: Offizier der Feldpolizei
Profos: für Bestrafung der Soldaten zuständiger Offizier
Steckenknecht: Feldpolizist

Vom Fuchs, der Ameise und dem Schwein

Fabeln sind erbauliche kleine Erzählungen, in denen oft Tiere vorkommen, die sprechen und handeln wie Menschen. Sie enthalten eine Belehrung, die sogenannte „Moral“. Das ist eine allgemeine Weisheit oder eine Handlungsanweisung zur vernünftigen Lebensgestaltung. Bisweilen wird sie ausdrücklich genannt, oft muß der Leser sie selbst herausfinden.

Berühmte Fabeldichter sind Äsop, ein phrygischer Sklave, der im 6. Jahrhundert v. Chr. in Griechenland lebte, und der Franzose La Fontaine (17. Jh.). In Deutschland haben sich neben Lessing der Dichter Hans Sachs (1494-1556), ein Schuster mit Meisterprüfung, oder der Philosophieprofessor Christian Fürchtegott Gellert (1715-1769) als Verfasser von Fabeln hervorgetan.

In Abkehr von seinen Vorläufern befreite Lessing die Fabel von erzählerischem und poetischem Zierat. Er konzentrierte sich auf den lehrhaften Kern, den er in einer klaren, knappen und ungekünstelten Sprache darbot.

Lessing selbst schreibt dazu: „Ich hatte mich bei keiner Gattung von Gedichten länger verweilt, als bei der Fabel. Es gefiel mir auf diesem gemeinschaftlichen Raine der Poesie und der Moral. ... Ich hatte mich oft gewundert, daß die gerade auf die Wahrheit führende Bahn des Aesopus, von dem Neuern für die blumenreichen Abwege der schwatzhaften Gabe zu erzählen, so sehr verlassen werde. ... Kurz, ich glaubte mich in diesem Fache so reich, daß ich, für's Erste meinen Fabeln mit leichter Mühe eine neue Gestalt geben könnte.“

Als Tiergeschichten haben die Fabeln manchen Vorzug. Sie besitzen Eindeutigkeit, weil nach dem allgemeinen Wissen den Tieren jeweils bestimmte feste Eigenschaften zugeschrieben werden. Der Löwe ist edel, der Fuchs listig, die Gans dumm. Der Pfau verkörpert die Eitelkeit. Das Lamm steht für Unschuld und zarte Wehrlosigkeit. Solche Eindeutigkeit unterstützt die moralische Botschaft der Fabel. Die Erzählung über Tiere bewirkt daneben eine Verfremdung menschlicher Verhaltensweisen – denn es geht um den Menschen, wenn von Tieren die Rede ist! Der Leser kann die Schilderung von Tieren aus ruhigem Abstand als Modell seines eigenen Tuns und Handelns betrachten. Und damit über sich selbst – und die Welt – Erkenntnisse gewinnen und diese kritisch durchleuchten.

*

Der Hamster und die Ameise

„Ihr armseligen Ameisen“, sagte ein Hamster. „Verlohnt es sich der Mühe, daß ihr den ganzen Sommer arbeitet, um ein so Weniges einzusammeln? Wenn ihr meinen Vorrat sehen solltet!“

„Höre“, antwortete eine Ameise, „wenn er größer ist, als du ihn brauchst, so ist es schon recht, daß die Menschen dir nachgraben, deine Scheuern ausleeren und dich deinen räuberischen Geiz mit dem Leben büßen lassen.“

Der junge und der alte Hirsch

Ein Hirsch, den die gütige Natur Jahrhunderte hat leben lassen, sagte einst zu einem seiner Enkel: „Ich kann mich der Zeit noch sehr wohl erinnern, da der Mensch das donnernde Feuerrohr noch nicht erfunden hatte."

„Welche glückliche Zeit muß das für unser Geschlecht gewesen sein!", seufzte der Enkel.

„Du schließest zu geschwind!" sagte der alte Hirsch. „Die Zeit war anders, aber nicht besser. Der Mensch hatte da, anstatt der Feuerrohre, Pfeile und Bogen, und wir waren ebenso schlimm daran als jetzt."

Der Besitzer des Bogens

Ein Mann hatte einen trefflichen Bogen von Ebenholz, mit dem er sehr weit und sicher schoß, und den er ungemein wert hielt. Einst aber, als er ihn aufmerksam betrachtete, sprach er: „Ein wenig zu plump bist du doch! Alle deine Zierde ist die Glätte. Schade!"

„Doch dem ist abzuhelfen!", fiel ihm ein. „Ich will hingehen und den besten Künstler Bilder in den Bogen schnitzen lassen." Er ging hin; und der Künstler schnitzte eine ganze Jagd auf den Bogen; und was hätte sich besser auf einen Bogen geschickt als eine Jagd?

Der Mann war voller Freude. „Du verdienest diese Zieraten, mein lieber Bogen!" Indem will er ihn versuchen; er spannt, und der Bogen – zerbricht.

Der Fuchs

Ein verfolgter Fuchs rettete sich auf eine Mauer. Um auf der andern Seite gut herabzukommen, ergriff er einen nahen Dornenstrauch. Er ließ sich auch glücklich daran nieder, nur daß ihn die Dornen schmerzlich verwundeten. „Elende Helfer", rief der Fuchs, „die nicht helfen können, ohne zugleich zu schaden!"

Das Roß und der Stier

Auf einem feurigen Rosse flog stolz ein dreister Knabe daher. Da rief ein wilder Stier dem Rosse zu: „Schande! Von einem Knaben ließ ich mich nicht regieren."

„Aber ich", versetzte das Roß. „Denn was für Ehre könnte es mir bringen, einen Knaben abzuwerfen?"

Die Maus

Eine philosophische Maus pries die gütige Natur, daß sie die Mäuse zu einem so vorzüglichen Gegenstande ihrer Erhaltung gemacht habe. „Denn eine Hälfte von uns", sprach sie, „erhielt von ihr Flügel, daß, wenn wir hier unten auch alle von den Katzen ausgerottet würden, sie doch mit leichter Mühe aus den Fledermäusen unser ausgerottetes Geschlecht wieder herstellen könnte."

Die gute Maus wußte nicht, daß es auch geflügelte Katzen gibt. Und so beruht unser Stolz meistens auf unsrer Unwissenheit.

Die Gans

Die Federn einer Gans beschämten den neugeborenen Schnee. Stolz auf dieses blendende Geschenk der Natur glaubte sie eher zu einem Schwane als zu dem, was sie war, geboren zu sein. Sie sonderte sich von ihresgleichen ab und schwamm einsam und majestätisch auf dem Teiche herum.

Bald dehnte sie ihren Hals, dessen verräterischer Kürze sie mit aller Macht abhelfen wollte; bald suchte sie ihm die prächtige Biegung zu geben, in welcher der Schwan das würdigste Ansehen eines Vogels des Apollo hat. Doch vergebens; er war zu steif, und mit aller ihrer Bemühung brachte sie es nicht weiter, als daß sie eine lächerliche Gans war, ohne ein Schwan zu werden.

Die Eiche und das Schwein

Ein gefräßiges Schwein mästete sich unter einer hohen Eiche mit der herabgefallenen Frucht. Indem es die eine Eichel zerbiß, verschluckte es bereits eine andere mit dem Auge.

„Undankbares Vieh!", rief endlich der Eichbaum herab. „Du nährst dich von meinen Früchten ohne einen einzigen dankbaren Blick auf mich in die Höhe zu richten."

Das Schwein hielt einen Augenblick inne und grunzte zur Antwort: „Meine dankbaren Blicke sollten nicht ausbleiben, wenn ich nur wüßte, daß du deine Eicheln meinetwegen hättest fallen lassen."

Gotthold Ephraim Lessing: Fabeln (1759)

Luise Millerin

Der Musiker Miller in Friedrich Schillers Theaterstück *Kabale und Liebe* versucht seiner Ehefrau klarzumachen, daß bei der Liebesgeschichte der Tochter Luise mit dem jungen Adligen Ferdinand das Mädchen Luise die Dumme sein wird. Deftig, grob und unflätig spricht der Mann aus dem Volke und flicht Fremdwörter in seine Sätze. Das ist ein Deutsch, das mehr in die Schublade mit der Aufschrift „Derbe Sprache" gehört als ins Fach „Schönes Deutsch". Edel und lieblich dagegen ist die Sprache der beiden Verliebten.

Kabale und Liebe ist ein bürgerliches Trauerspiel. Diese dramatische Form entstand im 18. Jahrhundert und widerspiegelt die fortschreitende Befreiung des Bürgertums von den Zwängen der Adelsgesellschaft. Ernsthafte Handlungen mit schrecklichem Ausgang gab es bisher nur in der Tragödie, in der hochgestellte Personen, Fürsten oder Gestalten aus der Mythologie, auftraten. Nun werden Menschen aus dem Bürgertum – zuvor waren sie nur Figuren der Komödie – zu würdigen Helden tragischer Geschichten. Lessings *Miß Sara Sampson* (1755) war das erste bürgerliche Trauerspiel in Deutschland.

Das einfache Mädchen Luise kommt den Plänen mächtiger Männer in die Quere. Die Beziehung zwischen ihr und Ferdinand durchkreuzt die Absichten des Präsidenten Walter. Der möchte den Sohn mit seiner ehemaligen Geliebten Lady Milford verheiraten – und damit seine Stellung im Machtgefüge am herzoglichen Hof aufwerten.

Das dabei entstehende Knäuel von Figuren kann nicht gütlich entwirrt werden. Die Handlung muß zur Katastrophe führen. Daß Ferdinand seine geliebte Luise und sich selbst mit einer vergifteten Limonade tötet, geschieht aufgrund eines doppelten Irrtums. Das ist der dramaturgische Kunstgriff Schillers: Ferdinand weiß nicht, daß Luise erpreßt wurde; Luise weiß nichts vom Gift in dem erfrischenden Getränk. So nimmt das Unheil seinen Lauf. Beide sterben, aber durch ihren Tod kommt die Wahrheit ans Licht. Ihre Liebe kann für einen Augenblick wieder aufleben und bleibt unzerstört.

Schillers *Kabale und Liebe* ist eine flammende Anklage gegen die feudalen Verhältnisse der Zeit. Es gab sie am Hof seines Herzogs Karl Eugen in Stuttgart und anderswo in Deutschland. Ein paar Menschen verfügen über uneingeschränkte Macht und können das Glück anderer Menschen zynisch zerstören. Daß am Ende der Handlung die Bösen ins Gefängnis wandern, bringt einen Schimmer von Gerechtigkeit ins finstere Geschehen. Fünf Jahre nach *Kabale und Liebe,* am 14. Juli 1789, bricht die Französische Revolution aus. Ihre Ziele waren *Freiheit*, *Gleichheit* und *Brüderlichkeit.* Das waren auch Schillers Ideale.

Zu Dero Herrn Sohnes Hure ist meine Tochter zu kostbar

Zimmer beim Musikus. – Miller steht eben vom Sessel auf und stellt sein Violoncello auf die Seite. An einem Tisch sitzt Frau Millerin noch im Nachtgewand und trinkt ihren Kaffee.

MILLER *(schnell auf- und abgehend).* Einmal für allemal! Der Handel wird ernsthaft. Meine Tochter kommt mit dem Baron ins Geschrei. Mein Haus wird verrufen. Der Präsident bekommt Wind, und kurz und gut, ich biete dem Junker aus.

FRAU. Du hast ihn nicht in dein Haus geschwatzt – hast ihm deine Tochter nicht nachgeworfen.

MILLER. Hab' ihn nicht in mein Haus geschwatzt – hab' ihm's Mädel nicht nachgeworfen; wer nimmt Notiz davon? – Ich war Herr im Haus. Ich hätt' meine Tochter mehr coram nehmen sollen. Ich hätt' dem Major besser auftrumpfen sollen – oder hätt' gleich alles Seiner Excellenz, dem Herrn Papa, stecken sollen. Der junge Baron bringt's mit einem Wischer hinaus, das muß ich wissen, und alles Wetter kommt über den Geiger.

FRAU *(schlürft eine Tasse aus).* Possen! Geschwätz! Was kann über dich kommen? Wer kann dir was anhaben? Du gehst deiner Profession nach und raffst Scholaren zusammen, wo sie zu kriegen sind.

MILLER. Aber, sag mir doch, was wird bei dem ganzen Commerz auch herauskommen? – Nehmen kann er das Mädel nicht. – Vom Nehmen ist gar dic Rede nicht, und zu einer – daß Gott erbarm? – Guten Morgen! – Gelt, wenn so ein Musje *von* sich da und dort, und dort und hier schon herumbeholfen hat, wenn er, der Henker weiß! was als? gelöst hat, schmeckt's meinem guten Schlucker freilich, einmal auf süß Wasser zu graben. Gib du acht! gib du acht! und wenn du aus jedem Astloch ein Auge strecktest und vor jedem Blutstropfen Schildwache ständest, er wird sie, dir auf der Nase, beschwatzen, dem Mädel Eins hinsetzen und führt sich ab, und das Mädel ist verschimpfiert auf ihr Leben lang, bleibt sitzen, oder hat's Handwerk verschmeckt, treibt's fort. *(Die Faust vor die Stirn)* Jesus Christus!

FRAU. Gott behüt' uns in Gnaden!

MILLER. Es hat sich zu behüten. Worauf kann so ein Windfuß wohl sonst sein Absehen richten? – Das Mädel ist schön – schlank – führt seinen netten Fuß. Unterm Dach mag's aussehen, wie's will. Darüber guckt man bei euch Weibsleuten weg, wenn's nur der liebe Gott parterre nicht hat fehlen lassen. – Stöbert mein Springinsfeld erst noch dieses Kapital aus – he da! geht ihm ein Licht auf, wie meinem Rodney, wenn er die Witterung eines Franzosen kriegt, und nun müssen alle Segel dran, und drauf los, und – ich verdenk's ihm gar nicht. Mensch ist Mensch. Das muß ich wissen.

FRAU. Solltest nur die wunderhübsche Billeter auch lesen, die der gnädige Herr an deine Tochter als schreiben thut. Guter Gott! da sieht man's ja sonnenklar, wie es ihm pur um ihre schöne Seele zu thun ist.

MILLER. Das ist die rechte Höhe. Auf den Sack schlägt man, den Esel meint man. Wer einen Gruß an das liebe Fleisch zu bestellen hat, darf nur das gute Herz Boten gehen lassen. Wie hab' ich's gemacht? Hat man's nur erst so weit im Reinen, daß die Gemüther topp machen, wutsch! nehmen die Körper ein Exempel; das Gesind macht's der Herrschaft nach, und der silberne Mond ist am End nur der Kuppler gewesen.

FRAU. Sieh doch nur erst die prächtigen Bücher an, die der Herr Major ins Haus geschafft hat. Deine Tochter betet auch immer draus.

MILLER *(pfeift)*. Hui da! Betet! Du hast den Witz davon. Die rohen Kraftbrühen der Natur sind Ihro Gnaden zartem Makronenmagen noch zu hart. – Er muß sie erst in der höllischen Pestilenzküche der Bellatristen künstlich aufkochen lassen. Ins Feuer mit dem Quark. Da saugt mir das Mädel – weiß Gott, was als für? – überhimmlische Alfanzereien ein, das läuft dann wie spanische Mucken ins Blut und wirft mir die Handvoll Christenthum noch gar auseinander, die der Vater mit knapper Noth soso noch zusammenhielt. Ins Feuer, sag' ich. Das Mädel setzt sich alles Teufelsgezeug in den Kopf; über all dem Herumschwänzen in der Schlaraffenwelt findet's zuletzt seine Heimath nicht mehr, vergißt, schämt sich, daß sein Vater Miller der Geiger ist, und verschlägt mir am End einen wackern ehrbaren Schwiegersohn, der sich so warm in meine Kundschaft hineingesetzt hätte. – Nein! Gott verdamm mich! *(Er springt auf, hitzig.)* Gleich muß die Pastete auf den Herd, und dem Major – ja ja, dem Major will ich weisen, wo Meister Zimmermann das Loch gemacht hat. *(Er will fort.)*

FRAU. Sei artig, Miller. Wie manchen schönen Groschen haben uns nur die Präsenter –

MILLER *(kommt zurück und bleibt vor ihr stehen)*. Das Blutgeld meiner Tochter? – Schier dich zum Satan, infame Kupplerin! – Eh will ich mit meiner

Geig' auf den Bettel herumziehen und das Concert um was Warmes geben – eh will ich mein Violoncello zerschlagen und Mist im Sonanzboden führen, eh ich mir's schmecken lass' von dem Geld, das mein einziges Kind mit Seel' und Seligkeit abverdient. – Stell den vermaledeiten Kaffee ein und das Tobackschnupfen, so brauchst du deiner Tochter Gesicht nicht zu Markt zu treiben. Ich hab mich satt gefressen und immer ein gutes Hemd auf dem Leib gehabt, eh so ein vertrackter Tausendsassa in meine Stube geschmeckt hat.

FRAU. Nur nicht gleich mit der Thür ins Haus! Wie du doch den Augenblick in Feuer und Flammen stehst! Ich sprech ja nur, man müss' den Herrn Major nicht disguschthüren, weil Sie des Präsidenten Sohn sind.

MILLER. Da liegt der Has im Pfeffer. Darum, just eben darum muß die Sach noch heut auseinander. Der Präsident muß es mir Dank wissen, wenn er ein rechtschaffener Vater ist. Du wirst mir meinen rothen plüschenen Rock ausbürsten, und ich werde mich bei Seiner Excellenz anmelden lassen. Ich werde sprechen zu seiner Excellenz: Dero Herr Sohn haben ein Aug auf meine Tochter; meine Tochter ist zu schlecht zu Dero Herrn Sohnes Frau, aber zu Dero Herrn Sohnes Hure ist meine Tochter zu kostbar, und damit basta! – Ich heiße *Miller.*

Wie reizend und schön auch ihr Leichnam

FERDINAND *(ernster).* Sorge für Deine unsterbliche Seele, Luise! – Hast du den Marschall geliebt? Du wirst nicht mehr aus diesem Zimmer gehen.

LUISE. Ich antworte nichts mehr.

FERDINAND *(fällt in fürchterlicher Bewegung vor ihr nieder).* Luise! Hast du den Marshall geliebt? Ehe dieses Licht noch ausbrennt – stehst du – vor Gott!

LUISE *(fährt erschrocken in die Höhe).* Jesus! Was ist das? - und mir wird sehr übel. *(Sie sinkt auf dem Sessel zurück.)*

FERDINAND. Schon? - Über euch Weiber und das ewige Rätsel! Die zärtliche Nerve hält Freveln fest, die die Menschheit an ihren Wurzeln zernagen; ein elender Gran Arsenik wirft sie um -

LUISE. Gift! Gift! O mein Herrgott!

FERDINAND. So fürcht ich. Deine Limonade war in der Hölle gewürzt. Du hast sie dem Tod zugetrunken.

LUISE. Sterben! Sterben! Gott Allbarmherziger! Gift in der Limonade und sterben! – O meiner Seele erbarme dich, Gott der Erbarmer!

FERDINAND. Das ist die Hauptsache. Ich bitt' ihn auch darum.

LUISE. Und meine Mutter – mein Vater – Heiland der Welt! Mein armer, verlorener Vater! Ist keine Rettung mehr? Mein junges Leben, und keine Rettung! Und muß ich jetzt schon dahin?

FERDINAND. Keine Rettung, mußt jetzt schon dahin – aber sei ruhig. Wir machen die Reise zusammen.

LUISE. Ferdinand, auch du! Gift, Ferdinand! Von dir? O Gott, vergiß es ihm – Gott der Gnade, nimm die Sünde von ihm –

FERDINAND. Sieh du nach *deinen* Rechnungen – Ich fürchte, sie stehen übel.

LUISE. Ferdinand! Ferdinand! – O – Nun kann ich nicht mehr schweigen – Der Tod – der Tod hebt alle Eide auf – Ferdinand! – Himmel und Erde hat nichts Unglückseligers als dich! – Ich sterbe unschuldig, Ferdinand.

FERDINAND *(erschrocken)*. Was sagt sie da? – Eine Lüge pflegt man doch sonst nicht auf *diese* Reise zu nehmen?

LUISE. Ich lüge nicht – lüge nicht – hab' nur *einmal* gelogen mein Leben lang – Huh! wie das eiskalt durch meine Adern schauert – als ich den Brief schrieb an den Hofmarschall –

FERDINAND. Ha! Dieser Brief! – Gottlob! Jetzt hab' ich all meine Mannheit wieder.

LUISE *(ihre Zunge wird schwerer, ihre Finger fangen an gichterisch zu zucken)*. Dieser Brief – Fasse dich, ein entsetzliches Wort zu hören – Meine Hand schrieb, was mein Herz verdammte – dein Vater hat ihn dictiert.

FERDINAND *(starr und einer Bildsäule gleich, in langer todter Pause hingewurzelt, fällt endlich wie von einem Donnerschlag nieder)*.

LUISE. O des kläglichen Mißverstands – Ferdinand – man zwang mich – vergib – deine Luise hätte den Tod vorgezogen – aber mein Vater – die Gefahr – sie machten es listig.

FERDINAND *(schrecklich emporgeworfen)*. Gelobet sei Gott! noch spür' ich das Gift nicht. *(Er reißt den Degen heraus.)*

LUISE *(von Schwäche zu Schwäche sinkend).* Weh! Was beginnst du? Es ist dein Vater –

FERDINAND *(im Ausdruck der unbändigsten Wuth).* Mörder und Mördervater! – *Mit* muß er, daß der Richter der Welt nur gegen den Schuldigen rase. *(Will hinaus.)*

LUISE. Sterbend vergab mein Erlöser – Heil über dich und ihn *(Sie stirbt.)*

FERDINAND *(kehrt schnell um, wird ihre letzte sterbende Bewegung gewahr und fällt in Schmerz aufgelöst vor der Todten nieder).* Halt! Halt! Entspringe mir nicht, Engel des Himmels! *(Er faßt ihre Hand an und läßt sie schnell wieder fallen.)* Kalt, kalt und feucht! Ihre Seele ist dahin. *(Er springt wieder auf.)* Gott meiner Luise! Gnade! Gnade dem verruchtesten der Mörder! Es war ihr letztes Gebet! – Wie reizend und schön auch ihr Leichnam! Der gerührte Würger ging schonend über diese freundlichen Wangen hin. – Diese Sanftmuth war keine Larve, sie hat auch dem Tod Stand gehalten. *(Nach einer Pause.)* Aber wie? Warum fühl' ich nichts? Will die Kraft meiner Jugend mich retten? Undankbare Mühe! Das ist meine Meinung nicht. *(Er greift nach dem Glase.)*

Friedrich Schiller: Kabale und Liebe (1784)

Worterklärungen

biete dem Junker aus: verbiete ihm das Haus
coram nehmen: ins Gewissen reden
bringts mit einem Wischer hinaus: kommt ohne Schaden davon
eins hinsetzen: macht ihr ein Kind
als: immer
Alfanzereien: Albernheiten
spanische Mucken: aus der Kantharidenfliege gewonnenes sexuelles Reizmittel
disguschthüren: verärgern

Wie ein Mensch schlau und böse

Die Tiere in Goethes *Reineke Fuchs* sind halbe Menschen und durchaus vergleichbar mit den Figuren der Fabel. Aber sie haben Namen und heißen Isegrim, Hinz, Henning, Rückenau oder Bellyn. Das sind der Wolf, der Hahn, der Kater, die Äffin oder der Widder. Sie handeln wie Menschen, vergewaltigen, betrügen, stehlen. Sie beschimpfen sich und streben doch nach Gerechtigkeit. Zu diesem Ziel veranstalten sie Gerichtsverfahren mit Anklage, Verteidigung des Beschuldigten und Urteil. Sie sind auch fromm und beschwören Gott bei manchen Gelegenheiten. Aber sie sind gleichzeitig Tiere: grausam, gefräßig, auf ständigem Beutezug. Sie beißen und töten, fressen rohes Fleisch und kauen die zarten Knöchelchen ihrer Beute.

Goethe hat die Geschichte vom listigen Fuchs aus alten Erzählungen übernommen. Es gab sie schon im Mittelalter, auf Altfranzösisch als *Roman de Renart* oder auf Niederdeutsch als *Reynke de vos*. Der Fuchs begeht die schlimmsten Schandtaten, kann aber den Kopf immer wieder aus der Schlinge ziehen. Im ganz wörtlichen Sinne. Mit Hilfe von List und Lüge entkräftet er alle Vorwürfe und steht am Ende als ehrbarer Kerl da. König Nobel – das ist der Löwe – erkennt ihn als einen Baron an und macht ihn zu seinem Kanzler.

Die Tiere leben in einer feudalen Gesellschaft. An der Spitze thront der König und herrscht über seine Untertanen. Ein Zweikampf von Kläger und Beklagtem soll über Lüge oder Wahrheit entscheiden. Das ist ein Stück Mittelalter. Man hat in Reinekes Taten auch einen Protest gegen eine ungerechte Gesellschaftsordnung gesehen. Aber das geht nicht auf. Zwar entlarvt er Mißstände, zum Beispiel das sündige Leben der Pfaffen, aber Reinekes Triumph ist nicht der Sieg des Guten über das Böse. Gegen den Wolf kämpft er mit unfairen Mitteln, die mit einer Disqualifikation hätten geahndet werden müssen. Wir mögen Reinekes Schlauheit bewundern, aber er bleibt ein übler Schuft. Die anderen fallen auf seine Lügengebäude herein. Sie sind leichtgläubig, dumm oder ohnmächtig. Und der Wolf ist machtlos gegen Reinekes unritterliche Kampfesweise.

Goethe bietet keine erbauliche Geschichte, in der die Wertvorstellungen der Leser bestätigt werden. Seine Erzählung über das Treiben menschenähnlicher Tiere ist freilich äußerst unterhaltsam. Und sie verschafft höchstes Lesevergnügen, nicht zuletzt wegen des Hexameters. Der wurde in der Antike erfunden. Homer schrieb seine *Ilias*, Ovid seine *Metamorphosen* in Hexametern.

In *Reynke de vos* hießen die ersten Verse:

Id gheschach up eynen pynxstedach,
Datmen de wolde unde velde sach
Grone staen myt loff unde gras,
Unde mannich fogel vrolich was
Myt sange in haghen unde up bomen ...

Goethe machte daraus:

Pfingsten, das liebliche Fest, war gekommen! es grünten und blühten
Feld und Wald; auf Hügeln und Höhn, in Büschen und Hecken
Übten ein fröhliches Lied die neu ermunterten Vögel.

Das sind sechshebige Zeilen, Hexameter. Es sind geschmeidige Verse, deren Fluß den Leser erfaßt und mit sich zieht. Die schlimmen Dinge in Goethes Tiererzählung bekommen dabei ein edles Gewand. So ist das mit der schönen Literatur: Eine Welt, wie sie nicht sein sollte, wird in gefälliger Sprache geschildert, die uns bezaubert. Ein Widerspruch, der den Leser ratlos macht. Ihm bleibt nichts, als eine Gegenwelt zu phantasieren. Bessere Zustände, in der die Schurken bestraft werden und die Friedfertigen am Leben bleiben. Solche Vorstellungen zu erzeugen ist auch Aufgabe schöner Literatur.

*

Trinket nur brav und haltet das Wasser

Reinekens Freunde blieben beisammen die Nacht durch und scheuchten
Seine Grillen durch muntre Gespräche. Frau Rückenau aber
War vor allen besorgt und geschäftig, sie ließ ihn behende
Zwischen Kopf und Schwanz und Brust und Bauche bescheren
Und mit Fett und Öle bestreichen; es zeigte sich aber
Reineke fett und rund und wohl zu Fuße. Daneben
Sprach sie: Höret mich an, bedenket, was Ihr zu tun habt,
Höret den Rat verständiger Freunde, das hilft Euch am besten.

Trinket nur brav und haltet das Wasser, und kommt Ihr des Morgens
In den Kreis, so macht es gescheit, benetzet den rauhen

Wedel über und über und sucht den Gegner zu treffen;
Könnt Ihr die Augen ihm salben, so ist's am besten geraten,
Sein Gesicht verdunkelt sich gleich; es kommt Euch zustatten,
Und ihn hindert es sehr. Auch müßt Ihr anfangs Euch furchtsam
Stellen und gegen den Wind mit flüchtigen Füßen entweichen.
Wenn er Euch folget, erregt nur den Staub, auf daß Ihr die Augen
Ihm mit Unrat und Sande verschließt. Dann springet zur Seite,
Paßt auf jede Bewegung, und wenn er die Augen sich auswischt,
Nehmt des Vorteils gewahr und salbt ihm aufs neue die Augen
Mit dem ätzenden Wasser, damit er völlig erblinde,
Nicht mehr wisse, wo aus noch ein, und der Sieg Euch verbleibe.

Vorspiel

Isegrim schwur mit heftigen Worten und drohenden Blicken:
Reineke sei ein Verräter, ein Dieb, ein Mörder und aller
Missetat schuldig, er sei auf Gewalt und Ehbruch betreten,
Falsch in jeglicher Sache; das gelte Leben um Leben!

Reineke schwur zur Stelle dagegen: er seie sich keiner
Dieser Verbrechen bewußt, und Isegrim lüge wie immer,

Schwöre falsch wie gewöhnlich, doch soll' es ihm nimmer gelingen,
Seine Lüge zur Wahrheit zu machen, am wenigsten diesmal.
Und es sagten die Wärter des Kreises: Ein jeglicher tue,
Was er schuldig zu tun ist! das Recht wird bald sich ergeben.

Nun ließ man die beiden
In dem Kreise zusammen, und alle schauten begierig.

Bei den empfindlichsten Teilen

Isegrim zeigte sich wild und grimmig, reckte die Tatzen,
Kam daher mit offenem Maul und gewaltigen Sprüngen.
Reineke, leichter als er, entsprang dem stürmenden Gegner
Und benetzte behende den rauhen Wedel mit seinem
Ätzenden Wasser und schleift' ihn im Staube, mit Sand ihn zu füllen.
Isegrim dachte, nun hab er ihn schon! da schlug ihm der Lose
Über die Augen den Schwanz, und Hören und Sehen verging ihm.
Nicht das erstemal übt' er die List, schon viele Geschöpfe
Hatten die schädliche Kraft des ätzenden Wassers erfahren.
Isegrims Kinder blendet' er so, wie anfangs gesagt ist;
Und nun dacht er den Vater zu zeichnen. Nachdem er dem Gegner

So die Augen gesalbt, entsprang er seitwärts und stellte
Gegen den Wind sich, rührte den Sand und jagte des Staubes
Viel in die Augen des Wolfs, der sich mit Reiben und Wischen
Hastig und übel benahm und seine Schmerzen vermehrte.
Reineke wußte dagegen geschickt den Wedel zu führen,
Seinen Gegner aufs neue zu treffen und gänzlich zu blenden.

Übel bekam es dem Wolfe! denn seinen Vorteil benutzte
Nun der Fuchs. Sobald er die schmerzlich tränenden Augen
Seines Feindes erblickte, begann er mit heftigen Sprüngen,
Mit gewaltigen Schlägen auf ihn zu stürmen, zu kratzen
Und zu beißen und immer die Augen ihm wieder zu salben.

Isegrim aber, stärker als er, bewegte sich grimmig,
Mit zwei Zügen riß er sich los. Doch Reineke griff ihm
Ins Gesicht, verwundet' ihn hart und riß ihm ein Auge
Aus dem Kopfe, es rann ihm das Blut die Nase herunter.
Reineke rief: So wollt ich es haben! so ist es gelungen!
Blutend verzagte der Wolf, und sein verlorenes Auge
Macht' ihn rasend, er sprang, vergessend Wunden

und Schmerzen,
Gegen Reineken los und druckt' ihn nieder zu
Boden.
Übel befand sich der Fuchs, und wenig half ihm
die Klugheit.
Einen der vorderen Füße, die er als Hände
gebrauchte,
Faßt' ihm Isegrim schnell und hielt ihn zwischen
den Zähnen.
Reineke lag bekümmert am Boden, er sorgte zur
Stunde
Seine Hand zu verlieren und dachte tausend
Gedanken.
Isegrim brummte dagegen mit hohler Stimme die
Worte:
Deine Stunde, Dieb, ist gekommen! Ergib dich zur
Stelle,
Oder ich schlage dich tot für deine betrüglichen
Taten!
Ich bezahle dich nun, es hat dir wenig geholfen,
Staub zu kratzen, Wasser zu lassen, das Fell zu
bescheren,
Dich zu schmieren; wehe dir nun! du hast mir so
vieles
Übel getan, gelogen auf mich, mir das Auge
geblendet,
Aber du sollst nicht entgehn, ergib dich, oder ich
beiße!

Also sagte der Wolf. Indessen hatte der Lose
Zwischen die Schenkel des Gegners die andre Tatze
geschoben;
Bei den empfindlichsten Teilen ergriff er denselben
und ruckte,
Zerrt' ihn grausam, ich sage nicht mehr –
Erbärmlich zu schreien

Und zu heulen begann der Wolf mit offenem Munde.
Reineke zog die Tatze behend aus den klemmenden Zähnen,
Hielt mit beiden den Wolf nun immer fester und fester,
Kneipt' und zog; da heulte der Wolf und schrie so gewaltig
Daß er Blut zu speien begann, es brach ihm vor Schmerzen
Über und über der Schweiß durch seine Zotten, er löste
Sich vor Angst. Das freute den Fuchs, nun hofft' er zu siegen,
Hielt ihn immer mit Händen und Zähnen, und große Bedrängnis,
Große Pein kam über den Wolf, er gab sich verloren.
Blut rann über sein Haupt, aus seinen Augen, er stürzte
Nieder, betäubt. Es hätte der Fuchs des Goldes die Fülle
Nicht für diesen Anblick genommen; so hielt er ihn immer
Fest und schleppte den Wolf und zog, daß alle das Elend
Sahen, und kneipt' und druckt' und biß und klaute den Armen,
Der mit dumpfem Geheul im Staub und eigenen Unrat
Sich mit Zuckungen wälzte, mit ungebärdigem Wesen.

Der Sieger

Seine Freunde jammerten laut, sie baten den König:

Aufzunehmen den Kampf, wenn es ihm also beliebte.
Und der König versetzte: Sobald Euch allen bedünket,
Allen lieb ist, daß es geschehe, so bin ichs zufrieden.
Und der König gebot: die beiden Wärter des Kreises,
Lynx und Lupardus, sollten zu beiden Kämpfern hineingehn.
Und sie traten darauf in die Schranken und sprachen dem Sieger
Reineke zu: es sei nun genug, es wünsche der König,
Aufzunehmen den Kampf, den Zwist geendigt zu sehen.

Goethe: Reineke Fuchs (1794)

Blumen-, Frucht- und Dornenstücke

So beginnt der Untertitel eines berühmten Romans von Jean Paul. Es folgt: *Ehestand, Tod und Hochzeit des Armenadvokaten F. St. Siebenkäs im Reichsmarktflecken Kuhschnappel.* Zusammen ergibt das den Inhalt in äußerster Kurzfassung. Die „Blumen- und Dornenstücke“ schildern die glücklichen und die düsteren Seiten im Leben des Firmian Stanislaus. Es spielt sich überwiegend im engen Nest „Kuhschnappel“ ab. „Ehestand“ meint das schwierige Zusammenleben mit der Putzmacherin Lenette, geborene Egelkraut. Dem entgeht Firmian durch einen vorgetäuschten „Tod“, nach welchem ein leerer Sarg in die Erde gelassen wird. Und dann folgt die „Hochzeit“ mit der geliebten Natalie – genauer: das gegenseitige Versprechen, auf ewig vereint zu bleiben – und der Ausblick auf ein mögliches neues Glück.

Eine verschrobene Geschichte um einen wunderlichen Helden.

Der Textauszug zeigt das Eheleben zweier grundverschiedener Menschen unter dem Druck von Armut und dem Zwang zur Arbeit für einen Hungerlohn. Firmian ist ein feinsinniger, schwärmerischer Intellektueller, der an einer Entlastungsschrift für eine Kindsmörderin feilt. Lenette ein gutmütiges Mädchen, das treu seine Hausarbeit verrichtet. Da müssen Konflikte entstehen. Hier durch Lärmbelästigung.

Es könnte ein knapper Text um einen sich aufschaukelnden Streit sein. Jean Paul spinnt daraus eine Erzählung über zwei Menschen, die sich zunehmend entzweien und am Ende trennen. Firmian ist ein Fremdling in der Welt der praktischen Dinge. Lenettes geräuschvolle Hausarbeit zerrt an seinen Nerven und hindert ihn daran, seine Einfälle und Gedanken zu sortieren. Aber wen wir lieben, der kann uns nicht so leicht stören. So deutet sich hinter seiner Gereiztheit die fehlende Liebe für Lenette an.

Goethe hielt Jean Paul und seine Romane für einen „Alpdruck“ und ging ihm in Weimar, wo Jean Paul zeitweilig lebte, aus dem Weg. Fontane sagte, in Jean Pauls Texten finde sich „auf jeder Seite ein Goldkorn“. Er redete aber auch vom „Häcksel, der wirklich nur Pferdefutter ist“ und die kostbaren Stellen zudeckt. Damit sind die Abschweifungen, der sich aufspaltende und in dünnen Rinnsalen fließende Erzählstrom und die verschlungenen Satzfäden in Jean Pauls Texten gemeint. Aber hier mag gelten: Einer schönen Sprache verzeihen wir, wenn sie wuchert. Wir genießen sie umso mehr.

Ich empfehle den Lesern, alle Betriebsamkeit abzulegen und den nachstehenden Textauszug langsam und mit Bedacht zu lesen. Begeisterung über ein wunderbares Deutsch wird aufkommen. Und Freude, welch schöne Gestalt die deutsche Sprache annehmen kann.

*

Leiser Lärm

Er hatte sich nämlich unter dem stummen Keifen der vorigen Tage an ein besonderes Aufhorchen auf Lenetten gewöhnt, wenn er dort saß und an der Auswahl aus des Teufels Papieren schrieb: dies machte ihn völlig irre im Denken. Der kleinste Tritt, jede leise Erschütterung griff ihn wie einen Wasserscheuen oder Chiragristen an und brachte immer ein oder zwei gute junge Gedanken – wie ein größeres Geräusch Kanarienbrut und Seidenraupen – um das Leben.

Anfangs bezwang er sich recht gut; er gab sich zu bedenken, die Frau müsse sich doch wenigstens regen und könne, solange sie keinen verklärten Leib und keine verklärten Möbeln handhabe, unmöglich so leise in der Stube auftreten wie ein Sonnenstrahl oder wie ihre unsichtbaren guten und bösen Engel hinter ihr. Aber indem er bei sich diesen guten *cours de morale*, dieses *collegium pietatis* hörte, kam er aus dem satirischen Kontexte und Konzepte und schrieb bloß matter weiter.

Am Morgen nach jenem Silhouettier-Abende, wo ihre Seelen sich die Hände gegeben und den Fürstenbund der Liebe wieder erneuert hatten, konnt' er viel offener zu Werke gehen, und er sagte, sobald er statt des Schattenrisses nichts schwarz malte als die Urbilder, d. h. sobald er in der satirischen Rußhütte arbeitete, er sagte schon voraus zur Frau: „Wenns dir tulich ist, Lenette, so mache heute kein sonderliches Getöse – es ist mir beinah hinderlich, wenn ich dasitze und für den Druck arbeite." Sie sagte: „Ich dächte, du hörtest mich kaum, so schleich' ich."

Sie lief jetzo über die Stubendiele und über die Fäden ihres häuslichen Gewerkes mit leisen Spinnenfüßen. Denn sie hatte wie andere Weiber nicht widersprochen, um zu widerstreben, sondern um nur zu widersprechen. Siebenkäs mußte fleißig aufpassen, um ihre Hände oder Füße zu hören; aber es glückte ihm doch, und er vernahm das meiste. Wenn man nicht schläft, so gibt man auf ein leises Geräusch mehr als auf ein großes acht: jetzt horchte ihr der Schriftsteller überall nach, und sein Ohr und seine Seele liefen, als Schrittzähler an sie angemacht, überall mit ihr herum – kurz, er mußte mitten in der Satire „Der Edelmann mit seinem kalten Fieber" abschnappen, aufspringen und zur Schleicherin sagen: „Ich horche schon seit einer Stunde auf das peinigende Trippeln hin; ich wollte lieber, du trabtest in zwei lauten Krupezien herum, die mit Eisen besohlet sind zum Takt-Stampfen, also – geh lieber wie gewöhnlich, Beste!"

Lenette drückte indes langsam die Kammertüre zu; er mußte also von neuem schließen, daß draußen in seiner Gehenna und Pönitenzpfarre wieder etwas gegen ihn im Werke sei. Er legte die Feder nieder und rief über den Schreibtisch hinweg: „Lenette, ich kanns nicht genau hören; bist du aber draußen wieder über etwas her, das ich nicht ausstehen kann: so bitt' ich dich um Gottes willen, stell es ein, mach einmal meine heutige Kreuzschule und meine Werthers Leiden darin aus – lasse dich sehen!" - Sie versetzte, aber mit einem vom heftigen Bewegen schwankenden Atem: „Nichts, ich mache nichts." Er stand wieder auf und öffnete die Türe seiner Marterkammer. Die Frau bügelte darin mit einem grauen Flanell-

Lappen und scheuerte das grüne Ehe-Gitterbette ab. Der Verfasser dieser Historie lag einmal als Pockenkranker in einem und kennt also die Art; aber der Leser wird vielleicht nicht wissen, daß ein solcher grüner Schlummerkäfig wie ein vergrößerter Kanarien-Heckbauer aussieht mit seinen zwei gegitterten Flügeltüren oder Fallgattern, und daß dieses Traum-Geländer und Treibhaus zwar plumper, aber auch gesunder ist als unsere tief behangenen Schlafbastillentürme, die uns mit nahen Vorhängen gegen jeden frischen Windstoß einwindeln. – Der Armenadvokat nahm nichts zu sich als gähling einen halben Schoppen Stubenluft und hob langsam so an: „Du fegst und bürstest also, wie ich sehe, von neuem – und weißt, daß ich drinnen im Schweiße sitze und für uns beide arbeiten will und daß ich seit einer Stunde fast ohne Verstand fortschreibe – himmlische eheliche Hälfte, um Gottes willen kartätsch einmal aus und richte mich nicht gänzlich mit dem Lappen zugrunde.“ – Lenette sagte voll Verwunderung: „Unmöglich, Alter, hast du es hineingehöret“ – und bohnte eiliger fort. Er fing ein wenig schnell, aber sanft ihre Hände und sagte lauter: „Auf hörst du! – Das ist aber eben mein Unglück, daß ichs drinnen nicht hören kann, sondern alles nur denken muß – und der verdammte lange Wichs- und Besengedanke setzet sich an die Stelle der besten andern Gedanken, die ich hätte zu Papier bringen können! – Trauter Engel, niemand würde seliger und gelassener fortarbeiten und hier sitzen als ich, wenn du bloß mit Traubenschüssen und Haubitzen und Hundertpfündern hinter mir feuertest und knalltest aus den hiesigen Schießscharten; aber einem leisen Lärm bin ich nicht gewachsen."

Jean Paul: Siebenkäs (1797)

Worterklärungen

Chiragristen: Gichtkranke

Cours de morale: Sittenlehre

Rußhütte: großer gemauerter Ofen zur Verfeuerung von Kienholz zu Ruß, der für Tusche oder Druckerschwärze genutzt wird

Staupenschlag: Bestrafung von Soldaten durch Schläge mit einem Reisigbündel

Vergebliche Rettung

Kleist ist keine leichte Kost. In seinen Texten gibt es Ausbrüche von Gewalt und blindes Wüten. Wir denken an Michael Kohlhaas. In der Erzählung über das Erdbeben in Chili quillt das Hirn aus dem zerspaltenen Schädel eines Kindes. Dazu kommt eine Sprache, die mit ihren überlangen Schachtelsätzen eher abschreckt als begeistert. Aber das sind nur erste Eindrücke. Wer sich auf Kleists wuchtiges Deutsch und seine aufwühlenden Geschichten einläßt, kommt nicht mehr los. Das ist großartige Prosa. Und die geschilderten Grausamkeiten sind keine Verherrlichung von Gewalt zum bloßen Nervenkitzel, sondern stehen im Dienste einer ernsten Botschaft.

Josephe, Tochter aus gutem Hause, und ihr Hauslehrer Jeronimo lieben sich heimlich. Josephe bekommt ein Kind und wird dafür zum Tode verurteilt. Ein Erdbeben verhindert die Hinrichtung und führt die beiden Liebenden mit ihrem Kind zusammen. Die Natur – als Regung der Gefühle und als Erdbeben – hat Gutes bewirkt. Sie hat zwei jungen Menschen das Glück der Liebe geschenkt und für die Beseitigung unmenschlicher, von Staat und Kirche ausgeübter Zwänge gesorgt. Eine kurzlebige Idylle bringt die Überlebenden der Katastrophe zusammen. Standesunterschiede sind aufgehoben. „Fürsten und Bettler, Matronen und Bäuerinnen, Staatsbeamte und Tagelöhner, Klosterherren und Klosterfrauen" leben einträchtig zusammen wie eine große Familie.

Aber diese Güter sind teuer erkauft. Die Erdstöße lassen die Kerkermauern niederbrechen. Josephe wird frei. Der Preis für ihre Freiheit, für die Wiederbegegnung mit Jeronimo und das friedliche Zusammenleben der Menschen ist indessen die Verwüstung der Stadt mit vielen Toten. Haßprediger sehen darin eine göttliche Strafe für den Sittenverfall der Bewohner. Dafür stehen Josephe, die als „Klostermetze“ beschimpft wird, und Jeronimo. Fanatische Bürger erschlagen die beiden und ein fremdes Kind, das Josephe auf dem Arm trägt.

Die Härte der Erzählung besteht darin, daß sie mit der wundersamen Rettung nicht zu Ende ist. Das neugewonnene Glück der beiden Liebenden schlägt um in sein Gegenteil. Ihre Hoffnung auf ein neues Leben in gräßliches Sterben. Das ist das Ereignismuster der Erzählung. Vom Miteinander der Überlebenden im idyllischen Tal schreitet sie fort zum tobenden Pöbel in der Stadt.

In dieser Welt von Gewalt und Verwüstungen, wo den Menschen nur ein kurzes Atemholen vor dem nächsten Unglück vergönnt ist, gibt es am Ende einen Schimmer der Hoffnung: Der junge Adlige Fernando, dessen Sohn ermordet wurde, nimmt Juan, das Kind von Josephe und Jeronimo, als sein eigenes an: „... und wenn Don Fernando Philippen mit Juan verglich, und wie er beide erworben hatte, so war es ihm fast, als müßt er sich freuen.“

Reicht das aus, um die von Natur und Menschen verursachten Verheerungen und Greuel aufzuwiegen und das hinter den Ereignissen stehende finstere Weltbild aufzuhellen?

Skandal

In St. Jago, der Hauptstadt des Königreichs Chili, stand gerade in dem Augenblicke der großen Erderschütterung vom Jahre 1647, bei welcher viele tausend Menschen ihren Untergang fanden, ein junger, auf ein Verbrechen angeklagter Spanier, namens *Jeronimo Rugera*, an einem Pfeiler des Gefängnisses, in welches man ihn eingesperrt hatte, und wollte sich erhenken. *Don Henrico Asteron*, einer der reichsten Edelleute der Stadt, hatte ihn ohngefähr ein Jahr zuvor aus seinem Hause, wo er als Lehrer angestellt war, entfernt, weil er sich mit *Donna Josephe*, seiner einzigen Tochter, in einem zärtlichen Einverständnis befunden hatte. Eine geheime Bestellung, die dem alten Don, nachdem er die Tochter nachdrücklich gewarnt hatte, durch die hämische Aufmerksamkeit seines stolzen Sohnes verraten worden war, entrüstete ihn dergestalt, daß er sie in dem Karmeliterkloster unsrer lieben Frauen vom Berge daselbst unterbrachte.

Durch einen glücklichen Zufall hatte Jeronimo hier die Verbindung von neuem anzuknüpfen gewußt und in einer verschwiegenen Nacht den Klostergarten zum Schauplatze seines vollen Glückes gemacht. Es war am Fronleichnamsfeste, und die feierliche Prozession der Nonnen, welchen die Novizen folgten, nahm eben ihren Anfang, als die unglückliche Josephe, bei dem Anklange der Glocken, in Mutterwehen auf den Stufen der Kathedrale niedersank.

Dieser Vorfall machte außerordentliches Aufsehen; man brachte die junge Sünderin, ohne Rücksicht auf ihren Zustand, sogleich in ein Gefängnis, und kaum war sie aus den Wochen erstanden, als ihr schon, auf Befehl des Erzbischofs, der geschärfteste Prozeß gemacht ward. Man sprach in der Stadt mit einer so großen Erbitterung von diesem Skandal, und die Zungen fielen so scharf über das ganze Kloster her, in welchem er sich zugetragen hatte, daß weder die Fürbitte der Familie Asteron, noch auch der Wunsch der Äbtissin selbst, welche das junge Mädchen wegen ihres sonst untadelhaften Betragens liebgewonnen hatte, die Strenge, mit welcher das klösterliche Gesetz sie bedrohte, mildern konnte. Alles, was geschehen konnte, war, daß der Feuertod, zu dem sie verurteilt wurde, zur großen Entrüstung der Matronen und Jungfrauen von St. Jago, durch einen Machtspruch des Vizekönigs, in eine Enthauptung verwandelt ward.

Jeronimo, der inzwischen auch in ein Gefängnis gesetzt worden war, wollte die Besinnung verlieren, als er diese ungeheure Wendung der Dinge erfuhr. Vergebens sann er auf Rettung: überall, wohin ihn auch der Fittig der vermessenen Gedanken trug, stieß er auf Riegel und Mauern, und ein Versuch, die Gitterfenster zu durchfeilen, zog ihm, da er entdeckt ward, eine nur noch engere Einsperrung zu. Er warf sich vor dem Bildnisse der heiligen Mutter Gottes nieder und betete mit unendlicher Inbrunst zu ihr, als der einzigen, von der ihm jetzt noch Rettung kommen könnte.

Doch der gefürchtete Tag erschien, und mit ihm in seiner Brust die Überzeugung von der völligen Hoffnungslosigkeit seiner Lage. Die Glocken, welche Josephen zum Richtplatze begleiteten, ertönten, und Verzweiflung bemächtigte sich seiner Seele. Das Leben schien ihm verhaßt, und er beschloß, sich durch einen Strick, den ihm der Zufall gelassen hatte, den Tod zu geben. Eben stand er, wie schon gesagt, an einem Wandpfeiler und befestigte den Strick, der ihn dieser jammervollen Welt entreißen sollte, an eine Eisenklammer, die an dem Gesimse eingefugt war, als plötzlich der größte Teil der Stadt, mit einem Gekrache, als ob das Firmament einstürzte, versank, und alles, was Leben atmete, unter seinen Trümmern begrub. Jeronimo Rugera war starr vor Entsetzen; und gleich als ob sein ganzes Bewußtsein zerschmettert worden wäre, hielt er sich jetzt an dem Pfeiler, an welchem er hatte sterben wollen, um nicht umzufallen. Der Boden wankte unter seinen Füßen, alle Wände des Gefängnisses rissen, der ganze Bau neigte sich, nach der Straße zu einzustürzen, und nur der seinem langsamen Fall begegnende Fall des gegenüberstehenden Gebäudes verhinderte, durch eine zufällige Wölbung, dic gänzliche Zubodenstreckung desselben.

Mit welcher Seligkeit umarmten sie sich

Er mischte sich unter das Volk, das überall, mit Rettung des Eigentums beschäftigt, aus den Toren stürztc, und wagtc schüchtern nach der Tochter Asterons, und ob die Hinrichtung an ihr vollzogen worden sei, zu fragen; doch niemand war, der ihm umständliche Auskunft gab. Eine Frau, die auf einem fast zur Erde gedrückten Nacken eine ungeheure Last von Gerätschaften und zwei Kinder, an der Brust hängend, trug, sagte im Vorbeigehen, als ob sie es selbst angesehen hätte: daß sie enthauptet worden sei. Jeronimo kehrte sich um; und da er, wenn er die Zeit berechnete, selbst an ihrer Vollendung nicht zweifeln konnte, so setzte er sich in einem einsamen Walde nieder und überließ sich seinem vollen Schmerz. Er wünschte, daß die zerstörende Gewalt der Natur von neuem über ihn einbrechen möchte. Er begriff nicht, warum er dem Tode, den seine jammervolle Seele suchte, in jenen Augenblicken, da er ihm freiwillig von allen Seiten rettend erschien, entflohen sei. Er nahm sich fest vor, nicht zu wanken, wenn auch jetzt die Eichen entwurzelt werden und ihre Wipfel über ihn zusammenstürzen sollten. Darauf nun, da er sich ausgeweint hatte, und ihm, mitten unter den heißesten Tränen, die Hoffnung wieder erschienen war, stand er auf und durchstreifte nach allen Richtungen das Feld. Jeden Berggipfel, auf dem sich die Menschen versammelt hatten, besuchte er; auf allen Wegen, wo sich der Strom der Flucht noch bewegte, begegnete er ihnen; wo nur irgend ein weibliches Gewand im Winde flatterte, da trug ihn sein zitternder Fuß hin: doch keines deckte die geliebte Tochter Asterons. Die Sonne neigte sich, und mit ihr seine Hoffnung schon wieder zum Untergange, als er den Rand eines Felsens betrat, und sich ihm die Aussicht in ein weites, nur von wenig Menschen besuchtes Tal eröffnete. Er durchlief, unschlüssig, was er tun sollte, die einzelnen Gruppen derselben und wollte sich schon wieder wenden, als er plötzlich an einer Quelle, die die Schlucht bewässerte, ein junges Weib erblickte, beschäftigt, ein Kind in ihren Fluten zu reinigen. Und das Herz hüpfte ihm bei diesem Anblick: er sprang voll Ahnung über die Gesteine herab, und rief:

„O Mutter Gottes, du Heilige!“ und erkannte Josephen, als sie sich bei dem Geräusche schüchtern umsah. Mit welcher Seligkeit umarmten sie sich, die Unglücklichen, die ein Wunder des Himmels gerettet hatte!

Heinrich von Kleist: Das Erdbeben in Chili (1807)

Die dumme Else

Das Märchen heißt *Die kluge Else.* Wer gern mit Wörtern spielt, mag einen Buchstaben von Else umstellen. Das gibt „Esel“ und läßt ahnen, was es mit der klugen Else auf sich hat. Der Titel des Märchens ist ironisch. Else ist dumm. Und nicht nur sie allein. Die Eltern lügen das Blaue vom Himmel und wähnen, der Bewerber Hans werde ihnen glauben, daß Else den Wind auf der Straße sieht oder das Husten der Flöhe hört.

Im Keller kommt es zur kollektiven Torheit, als alle sich vor der Kreuzhacke in der Decke fürchten. Else, Vater, Mutter, Magd, Knecht und auch Hans. Der Leser fragt sich, wieso eine Kreuzhacke, die doch bei Erdarbeiten gebraucht wird, von Maurern in die Decke gehauen wird. Aber im Märchen geht es nicht streng nach dem wirklichen Leben. Er wundert sich auch, daß niemand der vor Angst weinenden Figuren die Hacke von der Decke holt und damit die phantasiereich beschworene Gefahr beseitigt. Aber das eben ist die mangelnde Klugheit der Else und ihrer Familie.

Wer eine Tochter hat, muß sie verheiraten, damit sie versorgt ist. Dumm und faul darf sie nicht sein. Sonst nimmt sie keiner. So war das in einer Zeit, die vor der unseren liegt. Else ist faul und dumm und wird hart bestraft.

Hans scheint zu arbeiten und einen Beitrag für den gemeinsamen Haushalt zu leisten. Aber er ist nicht Helfer und solidarischer Gefährte, sondern Vehikel zur Herbeiführung der Katastrophe. Ein Fiesling und finsterer Geselle, der sich seiner Frau kaltblütig entledigt.

Hans hält Else für klug und heiratet sie. Das zeigt, er ist ähnlich dumm wie seine Braut. Vor allem ist er böse. Daß er Else ein Narrengewand mit bimmelnden Glöckchen überwirft, läßt das schlichte Mädchen an seiner Identität zweifeln. Sie weiß nicht mehr, wer sie ist. Sie war dumm, nun ist sie geistesgestört. Hans sperrt sie aus und scheint froh, Else los zu sein. Das ist noch nicht alles. Else wird in die Einsamkeit befördert. Damit fällt sie aus der Gemeinschaft mit anderen Menschen. Im ersten Teil des Märchens hatten alle noch mit ihr zusammen geweint. Nun ist sie ausgestoßen. Der Text verliert sie aus den Augen: „ ... und niemand hat sie wieder gesehen." Ein Kind könnte fragen: „Wo ist Else?" Das Märchen gibt keine Auskunft.

Märchen enthalten eine Lehre. Gewöhnlich stärken sie unser Vertrauen – und das der Kinder, denen wir die schlimmen, aber glücklich endenden Geschichten von *Rotkäppchen* oder *Hänsel und Gretel* vorlesen – in einen gerechten Weltenlauf. Dem Guten wird zum Sieg verholfen. Die Geiß kommt mit ihren Geißlein wieder zusammen, der Wolf ertrinkt im Brunnen. Das fleißige und ehrliche Aschenputtel erkennt der Königssohn am Ende als die richtige Braut. Das geht nicht glatt, sondern über Hindernisse. Solche Überwindung von Hindernissen gehört zum Programm des Märchens.

Elses Dummheit und Faulheit aber werden gnadenlos geahndet. Der grausame Ehemann Hans dagegen kommt ungestraft davon. So ist *Die kluge Else* eine krumme Geschichte mit einem bösen Ende. Das teilt sie mit wenigen anderen Erzählungen der Grimms wie *Der Gevatter Tod* oder *Frau Trude.*

In den meisten Märchen der Brüder Grimm wie *König Drosselbart* oder *Marienkind* bereuen die Figuren ihre Fehler, bessern sich und werden belohnt. Else kann ihr falsches Verhalten nicht überwinden. Sie hat keine Möglichkeit, klug und fleißig zu werden. Für den Leser bleibt nur die Erkenntnis: Sei klug und sei fleißig – oder werde es –, sonst wirst du bitter bestraft. Das weiß er eigentlich, aber es wird ihm noch einmal gleichnishaft in Erinnerung gebracht.

*

Die sieht den Wind auf der Gasse laufen

Es war ein Mann, der hatte eine Tochter, die hieß die kluge Else. Als sie nun erwachsen war, sprach der Vater „wir wollen sie heirathen lassen". „Ja", sagte die Mutter „wenn nur einer käme, der sie haben wollte." Endlich kam von weither einer, der hieß Hans, und hielt um sie an, er machte aber die Bedingung, daß die kluge Else auch recht gescheidt wäre. „O", sprach der Vater, „die hat Zwirn im Kopf", und die Mutter sagte „ach, die sieht den Wind auf der Gasse laufen und hört die Fliegen husten." „Ja", sprach der Hans, „wenn sie nicht recht gescheidt ist, so nehm ich sie nicht." Als sie nun zu Tisch saßen und gegessen hatten, sprach die Mutter „Else, geh in den Keller und hol Bier". Da nahm die kluge Else den Krug von der Wand, gieng in den Keller und klappte unterwegs brav mit dem Deckel, damit ihr die Zeit ja nicht lang würde. Als sie unten war, holte sie ein Stühlchen und stellte es vors Faß, damit sie sich nicht zu bücken brauchte und ihrem Rücken etwa nicht weh thäte und unverhofften Schaden nähme. Dann schob sie die Kanne mit dem Fuße vor sich und drehte den Hahn auf, und während der Zeit, daß das Bier

hinein lief, wollte sie doch ihre Augen nicht müßig lassen und sah oben an die Wand hinauf und erblickte nach vielem Hin- und Herschauen eine Kreuzhacke gerade über sich, welche die Maurer da aus Versehen hatten stecken lassen. Da fing die kluge Else an zu weinen und sprach „wenn ich den Hans kriege, und wir kriegen ein Kind, und das ist groß, und wir schicken das Kind in den Keller, daß es hier soll Bier zapfen, so fällt ihm die Kreuzhacke auf den Kopf und schlägts tot".
Da blieb sie sitzen und weinte aus Leibeskräften über das bevorstehende Unglück.

Magd, Knecht, Mutter und Vater steigen in den Keller hinab, um nach Else zu sehen.

Der Bräutigam blieb lange oben allein: da niemand wiederkommen wollte, dachte er „sie werden unten auf dich warten, du mußt auch hingehen und sehen, was sie vorhaben". Als er hinab kam, saßen da fünfe und schrien und jammerten ganz erbärmlich, einer immer besser als der andere. „Was für ein Unglück ist denn geschehen?", fragte er. „Ach, lieber Hans", sprach die Else, „wann wir einander heirathen und haben ein Kind, und es ist groß, und wir schickens vielleicht hierher Trinken zu zapfen, da kann ihm ja die Kreuzhacke, die da oben ist stecken geblieben, wenn sie herabfallen sollte, den Kopf zerschlagen, daß es liegen bleibt! Sollen wir da nicht weinen?" „Nun", sprach der Hans, „mehr Verstand ist für meinen Haushalt nicht nöthig: weil du so eine kluge Else bist, so will ich dich haben", packte sie bei der Hand und nahm sie mit hinauf und hielt Hochzeit mit ihr.

Die faule Else

Als sie den Hans eine Weile hatte, sprach er „Frau ich will ausgehen arbeiten und uns Geld verdienen, geh du ins Feld und schneid das Korn, daß wir Brot haben“. „Ja, mein lieber Hans, das will ich thun.“ Nachdem der Hans fort war, kochte sie sich einen guten Brei und nahm ihn mit ins Feld. Als sie vor den Acker kam, sprach sie zu sich selbst „was tu ich? schneid ich ehr, oder eß ich ehr? hei, ich will erst essen.“ Nun aß sie ihren Topf mit Brei aus, und als sie dick satt war, sprach sie wieder „was tu ich? schneid ich ehr, oder schlaf ich ehr? hei, ich will erst schlafen.“ Da legte sie sich ins Korn und schlief ein. Der Hans war längst zu Haus, aber die Else wollte nicht kommen: da sprach er „was hab ich für eine kluge Else, die ist so fleißig, daß sie nicht einmal nach Haus kommt und ißt.“ Als sie aber noch immer ausblieb, und es Abend ward, gieng der Hans hinaus und wollte sehen, was sie geschnitten hätte: aber es war nichts geschnitten, sondern sie lag im Korn und schlief. Da eilte Hans geschwind heim und holte ein Vogelgarn mit kleinen Schellen und hängte es um sie herum; und sie schlief noch immer fort. Dann lief er heim, schloß die Hausthüre zu und setzte sich auf seinen Arbeitsstuhl nieder. Endlich, wie es schon ganz dunkel war, erwachte die kluge Else, und als sie aufstand, rappelte es um sie herum bei jedem Schritte, den sie that. Da erschrak sie, ward irre, ob sie auch wirklich die kluge Else wäre und sprach „bin ichs, oder bin ichs nicht?“ Sie wußte aber nicht, was sie darauf antworten sollte und stand eine Zeitlang zweifelhaft: endlich dachte sie „ich will nach Haus gehen und fragen, ob ichs bin oder ob ichs nicht bin, die werdens ja wissen.“ Sie lief vor ihre Hausthüre, aber die war verschlossen: da klopfte sie an das Fenster und rief „Hans, ist die Else drinnen?“ „Ja“, antwortete der Hans, „sie ist drinnen.“ Da erschrak sie und sprach „ach Gott, dann bin ichs nicht“, und ging vor eine andere Thür; als aber die Leute das Klingeln der Schellen hörten, wollten sie nicht auf machen, und sie konnte nirgend unterkommen. Da lief sie fort zum Dorfe hinaus, und niemand hat sie wieder gesehen.

Brüder Grimm: Die kluge Else (1819)

Sie klappten mit Beilen und schnitzten an Speilen

Der aus Breslau stammende preußische Maler und Schriftsteller August Kopisch schrieb ursprünglich „Coelln“. So kam die Frage auf, ob die fleißigen Helfer den Berliner Bezirk „Coelln“ aufgesucht hätten, das Dorf, aus dem später Berlin wurde. Aber rheinische Heimatforscher haben nachgewiesen, daß die Sage von den Heinzelmännchen schon vor Kopischs Gedicht im Raum Köln beheimatet war. Zur Gemütlichkeit der Rheinländer, die auch für mangelnde Arbeitslust gehalten wurde, schien zu passen, daß die Handwerker von Köln andere für sich arbeiten ließen. Aber so dachten wohl nur die ihrerseits fleißigen und strebsamen preußischen Beamten, die seit 1815 im Rheinland regierten.

Die Kölner hat das alles nicht verdrossen. Sie haben die Geschichte von den dienstbereiten Männlein als ihre Sache angenommen und in der Stadt um die Figur der erbsenstreuenden Frau des Schneiders einen schönen Heinzelmännchen-Brunnen errichtet.

Die Erzählung handelt vom alten Traum der Menschen, ohne Arbeit zu leben. Aber das geht nicht. Wer schläft (und faulenzt), für den schuften andere. Der Zwang zu arbeiten ist nur verschoben, nicht aufgehoben. Und das neugierige Weib des Schneidermeisters, das die freundlichen Wichte verscheucht, tut doch ein Gutes: Sie beendet das Märchen und führt Zimmermann, Bäcker, Metzger, Schankwirt und Schneider ins wirkliche Leben zurück. Dort muß der Mensch arbeiten – wenn er leben will.

*

Ach, daß es noch wie damals wär

Wie war zu Köln es doch vordem
Mit Heinzelmännchen so bequem!
Denn, war man faul, man legte sich
Hin auf die Bank und pflegte sich:
Da kamen bei Nacht,
Ehe man's gedacht,
Die Männlein und schwärmten
Und klappten und lärmten,
Und rupften
Und zupften,
Und hüpften und trabten
Und putzten und schabten –
Und eh ein Faulpelz noch erwacht,
War all sein Tagewerk bereits gemacht!

Die Zimmerleute streckten sich
Hin auf die Spän' und reckten sich.
Indessen kam die Geisterschar
Und sah was da zu zimmern war.
Nahm Meißel und Beil
Und die Säg' in Eil;
Und sägten und stachen
Und hieben und brachen,
Berappten
Und kappten,
Visierten wie Falken
Und setzten die Balken -
Eh sich's der Zimmermann versah,
Klapp, stand das ganze Haus schon fertig da!

Beim Bäckermeister war nicht Not,
Die Heinzelmännchen backten Brot.
Die faulen Burschen legten sich,
Die Heinzelmännchen regten sich –

Und ächzten daher
Mit den Säcken schwer!
Und kneteten tüchtig
Und wogen es richtig,
Und hoben
Und schoben
Und fegten und backten
Und klopften und hackten.
Die Burschen schnarchten noch im Chor:
Da rückte schon das Brot, das neue, vor!

Beim Fleischer ging es just so zu:
Gesell und Bursche lag in Ruh.
Indessen kamen die Männlein her
Und hackten das Schwein die Kreuz und Quer.
Das ging so geschwind
Wie die Mühl' im Wind!
Die klappten mit Beilen,
Die schnitzten an Speilen,
Die spülten,
Die wühlten,
Und mengten und mischten
Und stopften und wischten.
Tat der Gesell die Augen auf –
Wapp! hing die Wurst da schon im Ausverkauf!

Beim Schenken war es so: es trank
Der Küfer bis er niedersank,
Am hohlen Fasse schlief er ein,
Die Männlein sorgten um den Wein,
Und schwefelten fein
Alle Fässer ein,
Und rollten und hoben
Mit Winden und Kloben,
Und schwenkten
Und senkten,
Und gossen und panschten

Und mengten und manschten.
Und eh der Küfer noch erwacht,
War schon der Wein geschönt und fein gemacht!

Einst hatt' ein Schneider große Pein:
Der Staatsrock sollte fertig sein;
Warf hin das Zeug und legte sich
Hin auf das Ohr und pflegte sich.
Da schlüpften sie frisch
In den Schneidertisch;
Da schnitten und rückten
Und nähten und stickten
Und faßten
Und paßten
Und strichen und guckten
Und zupften und ruckten,
Und eh mein Schneiderlein erwacht:
War Bürgermeisters Rock bereits gemacht!

Neugierig war des Schneiders Weib,
Und macht sich diesen Zeitvertreib:
Streut Erbsen hin die andre Nacht,
Die Heinzelmännchen kommen sacht:
Eins fähret nun aus,
Schlägt hin im Haus,
Die gleiten von Stufen
Und plumpen in Kufen,
Die fallen
Mit Schallen,
Die lärmen und schreien
Und vermaledeien!
Sie springt hinunter auf den Schall
Mit Licht: husch husch husch husch! –
verschwinden all!

O weh! nun sind sie alle fort
Und keines ist mehr hier am Ort!

Man kann nicht mehr wie sonsten ruhn,
Man muß nun alles selber tun!
Ein jeder muß fein
Selbst fleißig sein,
Und kratzen und schaben
Und rennen und traben
Und schniegeln
Und bügeln
Und klopfen und hacken
Und kochen und backen.
Ach, daß es noch wie damals wär!
Doch kommt die schöne Zeit nicht wieder her!

August Kopisch: Die Heinzelmännchen zu Köln (1836)

Es war ihm unangenehm, daß er nicht auf dem Kopf gehn konnte

Der Schriftsteller Jacob Michael Reinhold Lenz, an dessen Drama *Die Soldaten* wir uns erinnern, war seelisch krank. Schwermütige Stimmungen suchten ihn heim, und im Laufe seines Lebens verfiel er zusehends der geistigen Umnachtung. Nach heutiger Diagnose litt er unter Schizophrenie. Am Morgen des 24. Mai 1792 (westlicher Kalender) lag er tot in einer Straße von Moskau.

Lenz empfand Gefühle für Friederike Brion und schrieb ihr Gedichte. Sie ging nicht darauf ein. Die Pfarrerstochter aus dem Elsaß und Goethe hatten sich geliebt. Friederike ist das „Du" in *Willkommen und Abschied*. Nach eineinhalb Jahren trennt Goethe sich von ihr. Später schreibt er noch von Schuldgefühlen gegenüber dem Mädchen.

In der Novelle *Lenz* schildert Georg Büchner den Gang seines Helden über die verschneiten Berge des Elsaß und einen Besuch bei dem Pfarrer Oberlin. Er erlebt tiefe Glücksgefühle, die umschlagen in Gleichgültigkeit oder wechseln mit Schüben von Angst. In der Nacht sind diese so stark, daß er sich Verletzungen zufügt: „ ... er riß sich mit den Nägeln, der Schmerz fing an, ihm das Bewußtsein wiederzugeben."

Dieser Satz und andere in Büchners Text lesen sich wie eine schnörkellose Beschreibung wirklicher Dinge und Vorgänge. Da wird nichts beschönigt. Und das entsprach einer Auffassung von Kunst, die Lenz in einem Gespräch mit seinem Freund Kaufmann einige Seiten nach dem Textbeispiel erläutert. Lenz spricht sich gegen jegliche

Idealisierung oder poetische Verklärung der Welt und des menschlichen Lebens aus. In dieser Art von Kunst sah er „die schmählichste Verachtung der menschlichen Natur“. Allein die sichtbare, sinnlich erfahrbare Welt sei Gegenstand der Kunst. Man hat das als frühen Realismus bezeichnet. Und natürlich war der auch Büchners ästhetisches Konzept. Im Gespräch der beiden Freunde sagt Kaufmann, daß es in der Wirklichkeit keine Vorbilder für das Schöne gebe. Das ist ein gewichtiger Einwand.

Die Welt, in der Lenz sich bewegt, spiegelt sich in den wirren Gedanken und übermächtig aufdrängenden Empfindungen eines gestörten Bewußtseins. Lenz erlebt eine ins Gewaltige gesteigerte Natur. Die Wolken werden zu wiehernden Rossen, der Sonnenschein zum blitzenden Schwert. Er hört Stimmen, die jubelnd die Erde besingen. Der Wind klingt mal wie ein Wiegenlied, mal wie Glockengeläut. Eine Lücke in den Wolken wird zu einem „lichtblauen See“. Über solche Bilder im Kopf des Helden kommt Schönheit und Poesie in Büchners Novelle. Hinter dem Rücken seiner Theorie erfährt die tatsächliche Welt eine Verklärung, die Büchner eigentlich ablehnte. Der Text über den kranken Lenz ist „schön“.

Ein Wort des Bedauerns über Lenz' quälende geistige und seelische Zerrüttung ist allerdings nicht zu finden. Der Leser aber empfindet Mitleid mit der fiktiven Figur und dem hinter ihr stehenden Menschen Jacob Michael Reinhold Lenz.

*

Als jage der Wahnsinn auf Rossen hinter ihm

Den 20. ging Lenz durchs Gebirg. Die Gipfel und hohen Bergflächen im Schnee, die Täler hinunter graues Gestein, grüne Flächen, Felsen und Tannen. Es war naßkalt, das Wasser rieselte die Felsen hinunter und sprang über den Weg. Die Äste der Tannen hingen schwer herab in die feuchte Luft. Am Himmel zogen graue Wolken, aber Alles so dicht, und dann dampfte der Nebel herauf und strich schwer und feucht durch das Gesträuch, so träg, so plump. Er ging gleichgültig weiter, es lag ihm nichts am Weg, bald aufbald abwärts. Müdigkeit spürte er keine, nur war es ihm manchmal unangenehm, daß er nicht auf dem Kopf gehn konnte.

Anfangs drängte es ihm in der Brust, wenn das Gestein so wegsprang, der graue Wald sich unter ihm schüttelte, und der Nebel die Formen bald verschlang, bald die gewaltigen Glieder halb enthüllte; es drängte in ihm, er suchte nach etwas, wie nach verlornen Träumen, aber er fand nichts. Es war ihm alles so klein, so nahe, so naß, er hätte die Erde hinter den Ofen setzen mögen, er begriff nicht, daß er so viel Zeit brauchte, um einen Abhang hinunter zu klimmen, einen fernen Punkt zu erreichen; er meinte, er müsse alles mit ein Paar Schritten ausmessen können. Nur manchmal, wenn der Sturm das Gewölk in die Täler warf, und es den Wald herauf dampfte, und die Stimmen an den Felsen wach wurden, bald wie fern verhallende Donner, und dann gewaltig heran brausten, in Tönen, als wollten sie in ihrem wilden Jubel die Erde besingen, und die Wolken wie wilde wiehernde Rosse heransprengten, und der Sonnenschein dazwischen durchging und kam und sein blitzendes Schwert an den Schneeflächen zog, so daß ein helles, blendendes Licht über die Gipfel in die Täler schnitt; oder wenn der Sturm das Gewölk abwärts trieb und einen lichtblauen See hineinriß, und dann der Wind verhallte und tief unten aus den Schluchten, aus den Wipfeln der Tannen wie ein Wiegenlied und Glockengeläute heraufsummte, und am tiefen Blau ein leises Rot hinaufklomm, und kleine Wölkchen auf silbernen Flügeln durchzogen und alle Berggipfel scharf und fest, weit über das Land hin glänzten und blitzten, riß es ihm in der Brust, er stand, keuchend, den Leib vorwärts gebogen, Augen und Mund weit offen, er meinte, er müsse den Sturm in sich ziehen, alles in sich fassen, er dehnte sich aus und lag über der Erde, er wühlte sich in das All hinein, es war eine Lust, die ihm wehe tat; oder er stand still und legte das Haupt ins Moos und schloß die Augen halb, und dann zog es weit von ihm, die Erde wich unter ihm, sie wurde klein wie ein wandelnder Stern und tauchte sich in einen brausenden Strom, der seine klare Flut unter ihm zog. Aber es waren nur Augenblicke, und dann erhob er sich nüchtern, fest, ruhig als wäre ein Schattenspiel vor ihm vorübergezogen, er wußte von nichts mehr.

Gegen Abend kam er auf die Höhe des Gebirgs, auf das Schneefeld, von wo man wieder hinabstieg in die Ebene nach Westen, er setzte sich oben nieder. Es war gegen Abend ruhiger geworden; das Gewölk lag fest und unbeweglich am Himmel, so weit der Blick reichte, nichts als Gipfel, von denen sich breite Flächen hinabzogen, und alles so still, grau, dämmernd; es wurde ihm entsetzlich einsam, er war allein, ganz allein, er wollte mit sich sprechen, aber er konnte, er wagte kaum zu atmen, das Biegen seines Fußes tönte wie Donner unter ihm, er mußte sich niedersetzen; es faßte ihn eine namenlose Angst in diesem Nichts, er war im Leeren, er riß sich auf und flog den Abhang hinunter. Es war finster geworden, Himmel und Erde verschmolzen in Eins. Es war als ginge ihm was nach, und als müsse ihn was Entsetzliches erreichen, etwas das Menschen nicht ertragen können, als jage der Wahnsinn auf Rossen hinter ihm.

Endlich hörte er Stimmen, er sah Lichter, es wurde ihm leichter, man sagte ihm, er hätte noch eine halbe Stunde nach Waldbach. Er ging durch das Dorf, die Lichter schienen durch die Fenster, er sah hinein im Vorbeigehen, Kinder am Tische, alte Weiber, Mädchen, Alles ruhige, stille Gesichter, es war ihm, als müsse das Licht von ihnen ausstrahlen, es ward ihm leicht, er war bald in Waldbach im Pfarrhause. Man saß am Tische, er hinein; die blonden Locken hingen ihm um das bleiche Gesicht, es zuckte ihm in den Augen und um den Mund, seine Kleider waren zerrissen. Oberlin hieß ihn willkommen, er hielt ihn für einen Handwerker.

„Sein Sie mir willkommen, obschon Sie mir unbekannt." – „Ich bin ein Freund von Kaufmann und bringe Ihnen Grüße von ihm." – „Der Name, wenn's beliebt?" – „Lenz." – „Ha, ha, ha, ist er nicht gedruckt? Habe ich nicht einige Dramen gelesen, die einem Herrn dieses Namens zugeschrieben werden?" – „Ja, aber belieben Sie mich nicht darnach zu beurteilen." Man sprach weiter, er suchte nach Worten und erzählte rasch, aber auf der Folter; nach und nach wurde er ruhig, das heimliche Zimmer und die stillen Gesichter, die aus dem

Schatten hervortraten, das helle Kindergesicht, auf dem alles Licht zu ruhen schien und das neugierig, vertraulich aufschaute, bis zur Mutter, die hinten im Schatten engelgleich stille saß. Er fing an zu erzählen, von seiner Heimat; er zeichnete allerhand Trachten, man drängte sich teilnehmend um ihn, er war gleich zu Haus, sein blasses Kindergesicht, das jetzt lächelte, sein lebendiges Erzählen; er wurde ruhig, es war ihm als träten alte Gestalten, vergessene Gesichter wieder aus dem Dunkeln, alte Lieder wachten auf, er war weg, weit weg.

Endlich war es Zeit zum Gehen, man führte ihn über die Straße, das Pfarrhaus war zu eng, man gab ihm ein Zimmer im Schulhause. Er ging hinauf, es war kalt oben, eine weite Stube, leer, ein hohes Bett im Hintergrund, er stellte das Licht auf den Tisch und ging auf und ab, er besann sich wieder auf den Tag, wie er hergekommen, wo er war, das Zimmer im Pfarrhause mit seinen Lichtern und lieben Gesichtern, es war ihm wie ein Schatten, ein Traum, und es wurde ihm leer, wieder wie auf dem Berg, aber er konnte es mit nichts mehr ausfüllen, das Licht war erloschen, die Finsternis verschlang Alles.

Eine unnennbare Angst erfaßte ihn, er sprang auf, er lief durchs Zimmer, die Treppe hinunter, vor's Haus; aber umsonst, Alles finster, nichts, er war sich selbst ein Traum, einzelne Gedanken huschten auf, er hielt sie fest, es war ihm als müsse er immer „Vater unser“ sagen; er konnte sich nicht mehr finden, ein dunkler Instinkt trieb ihn, sich zu retten, er stieß an die Steine, er riß sich mit den Nägeln, der Schmerz fing an, ihm das Bewußtsein wiederzugeben, er stürzte sich in den Brunnstein, aber das Wasser war nicht tief, er patschte darin. Da kamen Leute, man hatte es gehört, man rief ihm zu. Oberlin kam gelaufen; Lenz war wieder zu sich gekommen, das ganze Bewußtsein seiner Lage, es war ihm wieder leicht, jetzt schämte er sich und war betrübt, daß er den guten Leuten Angst gemacht, er sagte ihnen, daß er gewohnt sei kalt zu baden, und ging wieder hinauf; die Erschöpfung ließ ihn endlich ruhen.

Georg Büchner: Lenz (postum 1839)

Wie der Esel zwischen zwei Heuhaufen

Kein liebliches Landleben vor 170 Jahren auf dem Hof des Bauern Johannes im schweizerischen Emmental. Keine rührende Treuherzigkeit oder reine Sitten. Eher liederliche Zustände. Der Knecht Uli steht zwischen zwei Mägden, die beide um ihn buhlen. Die eine ist häßlich, hat Warzen und Blatternarben im Gesicht und springt ruppig mit ihm um. An der anderen ist alles leichtfertig: das Gemüt, das Gesicht und der Leib. Aber sie umschmeichelt den schlichten Burschen und macht ihm schöne Augen.

Die Frage wird aufkommen, ob solche Verhältnisse der rechte Stoff für einen Text sind, den Kenner zu den Meisterwerken der deutschen Literatur zählen. Aber die Geschichte vom Knechtlein, das sich in widrigen Verhältnissen behauptet, reißt mit – und belehrt. Und die wuchtige Schilderung bäuerlichen Lebens erzeugt Wohlgefallen beim Leser. Er weiß, daß Texte auch dann höchstes Vergnügen bereiten, wenn sie die Wirklichkeit nicht zum schönen Schein verklären.

Uli der Knecht ist ein Bildungsroman. Ein mittelloser Bauernjunge, der Vater und Mutter früh verloren hat, verdingt sich bei einem wohlhabenden Bauern. Er widersteht den Lockungen eines „Lumpenlebens". Dank Fleiß, Freundlichkeit und vernünftigem Handeln verschafft er sich einen Platz im Leben. Er empfiehlt die richtigen landwirtschaftlichen Maßnahmen, führt sie selbst aus und gewinnt das Wohlwollen der Meisterleute. Lob und Lohn werden ihm zuteil. Er bringt es zu einer führenden Stellung im Gesinde, und bekommt – wie es sich für einen richtigen Roman gehört – das beste Mädchen zur Frau. Am Ende siegt das Gute über die schlechten Seiten des Lebens.

Mehr als die Arbeit der Bauern schildert Gotthelf deren Zusammenleben: Mahlzeiten, Einkehr im Wirtshaus, Marktbesuch, Reisen in der Kutsche. Diese Sequenzen enthalten die entscheidenden Vorgänge und die wesentlichen Aussagen. Nicht immer geht es harmonisch zu. Unter den Knechten und Mägden gibt es Streit und Aufsässigkeit gegenüber dem Meister. Der Held der Geschichte muß viel Beharrlichkeit aufbieten, um sich zu behaupten. Aber er überwindet alle Widrigkeiten. Auch dank zweier treuer Bundesgenossen. Die Bäuerin steht zu ihm, und sie fädelt die Verbindung mit der verwaisten Nichte ein. Der Bauer Johannes belehrt Uli und weist ihm den richtigen Weg im Leben. Und der Leser lernt, wie gute Eigenschaften und das rechte Verhalten die Bürgen sind für ein gelungenes Leben. Sparsamkeit führt zu Wohlstand, Ehrlichkeit zu Ansehen, Glaube an einen gerechten Gott zu innerem Frieden.

Die Belehrungen, die in dem Text stecken, sind eingebettet in viel Humor. Dieser pendelt zwischen freundlichem Spott und scharfer Satire. Die zielt besonders auf die Frauen. Einige kommen schlecht weg in dieser ländlichen Welt von Küche, Stall und Acker. Es gibt keine härtere Szene in dem Roman als die Schilderung von Stini im Mistloch. Sie ist die Fortsetzung der hier abgedruckten Textstelle. Von den Frauen, die sich um Uli kümmern, geht Gefahr aus für den gutmütigen Burschen. Sie sind Hürden auf seinem Weg zur Gefährtin fürs Leben. Das ist ganz schön frauenfeindlich. Gegenbild ist die tugendhafte junge Magd Vreneli, die am Ende Ulis Frau wird. Wie oft in der Literatur ist sie eine idealisierte Frauenfigur und entspricht männlichen Wünschen.

Mit schweren Schritten kommt die Sprache der Erzählung daher. Vor allem den Leser aus dem Norden wird dieses – halb vertraute, halb unverständliche und zu Deutungen anregende – Deutsch in seinen Bann schlagen. Es reicht vom schweizerisch gefärbten Hochdeutsch bis zur Mundart. Eine verwöhnte und zimperliche junge Frau ist ein *Häpele, Schlärpli* oder *Zipperynli.* Sparsam wirtschaften heißt *husen.* Der Bauer geht *zMärit*, auf den Markt. Dort mag er *Brönz* trinken, scharfen Branntwein. Ein *Meitschi* ist ein Mädchen, mehrere davon sind *Meitscheni.* Und *Gits nit dä, su gits ä angere* bedeutet: Wenn die nicht, dann eine andere.

*

Beide warfen nach dem Glücklichen ihre Netze aus

Bei ihnen waren zwei Mägde, die Meisterjumpfere und die Untermagd. Die Erstere war griesgrämlich, gab nicht drei gute Worte im ganzen Jahr, häßlich, sie hatte haarichte Warzen im Gesicht und Blattergruben und rote Augen und weiße Lefzgen und eine blaue Nase; daneben war sie arbeitsam, sparsam und hätte für ihr Leben gerne einen Mann gehabt; aber ihre Liebe konnte sie nicht anders zeigen als durch Rauen und Knurren (so ein Gemisch von Hunde- und Katzengeschrei), und jedesmal rauete und knurrte sie mit dem am meisten, den sie am liebsten gehabt hätte. Es schien, als ob sie alle Augenblicke auf ihn schießen, ihn kneipen, kratzen oder beißen wollte.

Die Andere aber war ein leichtfertig Ding mit leichtfertigem Gemüt, leichtfertigem Gesicht, leichtfertigem Leibe: alles schön rot und weiß angestrichen, glatt gerieben, und die Augen wußte sie so süß zu stützen und den Mund so süß zu spitzen, daß es jeden dünkte, er müßte daran kleben bleiben. Sie putzte sich gerne, arbeitete um so ungerner, wußte nichts von Sparen; gut Leben war ihr um so lieber, aber am allerliebsten wäre ihr ein Mann gewesen. In einem Mann dachte sie sich Heil, Glück, Seligkeit, kurz alles beieinander. Die knurrte nicht und biß nicht, die wußte sich anlässig zu machen und strich an einem herum wie eine Katze, wenn sie bei guter Laune ist. Die meinte, wenn sie einmal einen Mann hätte, so wollte sie ihn lieb haben wie Keine, und dann wollten sie es sich recht wohl sein lassen. Es zwings kei Tüfel länger zu dienen, bis es einen Mann hätte; dann wolle es kochen, was ihm gschmöcke, und aufstehen, wenn es ihm gefalle.

Beide richteten ihre Augen auf Uli und wollten ihn glücklich machen. Beiden gefiel er. Die erste meinte, der werde ihr husen helfen, die Zweite, der werde husen, daß sie mit ihm glücklich sein könne, das heißt, daß sie nichts zu tun brauche und doch alles habe, nach was es sie gelüste.

Beide warfen ungefähr zu gleicher Zeit nach dem Glücklichen ihre Netze aus.

Stini zankte allemal mit ihm, wenn er in der Küche mit einem Schwefelholz oder auch mit einem Span die Tabakpfeife anzünden wollte: Seine Finger wären nicht zu vornehm, ein Köhli zu nehmen, er werde sie einmal nicht verbrennen darob. Es schnauzte ihn allemal an, wenn er Öl in die Laterne wollte; bald füllte er das Ampeli zu sehr, bald kam ein Tropfen daneben. Er werde noch anders müssen husen lernen, sagte Stini. Seine Lederschuhe stunden oft eine Woche lang zum Salben in der Küche, Stini rührte sie nicht an. Es tue ihm sauft, die Holzböden zu tragen; was mangle er, um das Haus herumzustapfen, Lederschuhe? Das sei ihm eine neue Mode! Stini hoffte, wenn Uli keine Lederschuhe habe, so müsse er daheim bleiben. Wenn zuweilen nach dem Feierabend die Knechte noch auf den Bänken vor dem Hause saßen, so jagte Stini sie ins Bett. „Kein Wunder," sagte es Uli, „daß du am Morgen so dr Faulhung machst, wennd am Abe nie is Nest wottst; aus dir gibts dir Lebetag nüt."

Ürsi machte es ganz anders. Ürsi flattierte, machte süße Büschelimüli, stund ganz nahe unter die Augen, hatte immer bei Uli was zu tun: entweder mußte es ihm helfen oder er ihm, es neckte ihn, bis er ihns anrühren, mit ihm ringen mußte. Bald wollte es ihm das Nastuch stehlen, bald eine Blume ab dem Hut, wollte ihm süße Äpfel zustecken oder teigge Birnen. Beim Kornmähen wollte es ihm nachlegen und hatte immer ein gutes Wort für ihn auf der Zunge und eine Liebeserklärung in den Augen. Es wolle einen Mann, sagte Ürsi oft, und der solle es gut haben bei ihm. Man lebe ja nur einmal, und da wäre man ja einfalt, wenn man miteinander bös haben, nicht miteinander glücklich sein wolle.

Natürlich sagte es Beiden der weibliche Instinkt bald, daß sie Nebenbuhlerinnen seien, und jede suchte die Andere auszustechen.

Stini schimpfte über die Mannevölcher, welche einem jeden Schlärpli nachliefen und beim Weiben nur auf das Gfräß sähen, und sagte Uli, er sei gerade einer von den Dümmsten und Nichtsnutzigsten, er sei eigentlich gar nicht wert, daß ein braves Mönsch sich mit ihm abgebe. So einer, der so eim wie dem Ürsi, dem liederlichsten Uflat, nachsehe und sich mit ihm abgebe, dem sött mer dHose achela. Mit so eim zähl es sich dann notti nicht zusammen. Wenn es schon kein solch Gesichtli hätte, das man nicht an der Sonne brauchen könne, wenn es nicht abschießen solle, so hätte es doch zwei Dutzend Hemder und sieben Paar Sommerstrümpfe und fünf Winterstrümpfe (einer sei ihm verloren gegangen), vier Kittle, zwe verfluecht brav und zwe minger, und dann Geld hätte es auch noch, es sage nicht wieviel. Aber wenn es mit eim anfinge zu husen, so für zwei Bett und zwei Kühe und vielleicht für ein Schaf auch noch brauchte der keinen Kummer zu haben. Das wär doch dann öppis angers als son es Plätterfüdle, wo nit emal Geld hätte für Stroh z'kaufe, wenn es es einmal wischen möchte.

Es könnte viel noch sagen, aber es sei kein so Anlässiges, das meine, es müsse einmal mannen; es hätte zu leben, und sein lediger Leib sei ihm auch noch etwas wert. Allbets hätte es schon lange einen Mann gehabt, und vor zwanzig Jahren hätte es mehr als einmal mannen können, aber jetzt sei nichts mehr zu machen, unter Hunderten gäbe es keinen vernünftigen Bursch mehr. Son e Mistmore sei heutzutage allen lieber als es bravs Mönsch mit einer guten Hinterlag. Zu einer solchen Rede machte es gewöhnlich ein Gesicht, daß man junge Katzen hätte erstecken können, und ließ Kräuel hervor, daß ein Lämmergeier schalus geworden wäre.

Ürsi war nicht halb so böse über Stini, sondern lachte und spottete über dasselbe, führte es aus, wie gerne es mannen möchte, aber gäb wie es seine Augzähne hervorstrecke einem Eber zTrotz, wolle ihm Keiner daran bhangen. Es schnürfle zNacht, daß es Späne absprenge an der Wand, und brülle manchmal geradeaus mitts in der Nacht. Und wenn es dann frage, was es so brülle, so schreie es: „Es het mr ertraumt, es heyg mih eine la hocke, u ih ha scho gmeint, ih heyg ne.“ Hemder habe es in der Nacht an, wo siebni keinen Ofenwüsch gäbten; anstatt Gloschleni ziehe es Hudlen an einen Faden wie Bohnen, binde sie dann um den Leib und rühme, wie die grusam warm gäbten. ... Es nähme es nur wunder, wo es mit dem Geld hinkomme; es schaffe nichts an und hätte doch nie fünf Kreuzer beieinander. Es wollte nur, es ließe sich einer anschmieren durch Stini und nähmte es, in der Hoffnung, er kriege eine reiche Frau; der könnte ihns lächern, wenn er Hudlen zu erlesen bekäme statt Geld zu zählen. „Uli, das wäre eine für dich,“ sagte dann Ürsi, „da könntest du eine Nase voll usenäh, daß du den Säumist nicht mehr riechen würdest, nicht einmal den Kuhdreck; du hättest sie dein Lebtag voll genug von der Frau. ... Es gruset mich alle Nächt, wenn ich zu ihm ins Bett muß, und es kötzeret mich allemal, wenn es kochet und nicht die Meisterfrau.“

So führten die Nebenbuhlerinnen ihre Gefechte hinter ihren respektiven Rücken; indessen auch vorwärts schonten sie sich nicht, und Stini schimpfte Ürsi, und Ürsi verspottete Stini.

Und Uli, den vernünftigen Kerli in seinem übrigen Betragen, hätte man vernünftig glauben sollen, glauben sollen, da werde es ihm nicht gehen wie einem Esel zwischen zwei Heuhaufen. Und doch ging es Uli, dem verständig gewordenen Knecht, so. Es ist eine ganz merkwürdige Sache, wie der gescheiteste Kerli in allen Dingen der Welt beim Heiraten ein dummer Stöffel werden kann.

Jeremias Gotthelf: Uli der Knecht (1841)

Eine ähnliche Fassung in: *Edelsteine.* 107 Sternstunden der deutschen Sprache. Paderborn IFB Verlag Deutsche Sprache, 2014

Ein Sittengemälde aus dem gebirgichten Westfalen

Um die Mitte des 19. Jahrhunderts erschien ein kurzer Text der Annette von Droste-Hülshoff über einen tödlichen Unfall, einen Mord und einen Selbstmord. Am Ende hängt Friedrich Mergel, die Hauptgestalt der Geschichte, an einer alten Buche, in die Juden mit dem Beil einen vielsagenden Spruch eingehauen haben.

Der Text geht auf wahre Ereignisse von 1782 zurück. Ein junger Bursche erschlägt einen jüdischen Händler, dem er Geld für den Stoff zu einem Hemd schuldet. Das geschieht unweit von Paderborn am Ostrand des Teutoburger Waldes. Eine Gegend, wo die Bauern arm sind und Banden vom Holzdiebstahl leben. Die Obrigkeit hat es schwer in den westfälischen Wäldern. Übeltäter werden nicht gefaßt, und Verbrechen bleiben ungestraft. So auch in der *Judenbuche.* Nachdem er eines Mordes verdächtigt wird, verläßt Friedrich seine Heimat. Er geht als Soldat in spanische Dienste und gerät in die Gefangenschaft der Türken. Als er zurückkehrt, gibt er sich für den einfältigen Knecht Johannes aus, der mit ihm fortgegangen war.

Man hat die Erzählung mit den Novellen von Kleist verglichen. Das ist wohl zuviel des Guten. Annette von Droste-Hülshoff schreibt einfacher, und bei ihr spritzt kein Hirn aus zertrümmerten Schädeln. Gewisse Ähnlichkeiten mit Kleist bestehen bei dem Thema der Gerechtigkeit. Dem Roßhändler Michael Kohlhaas wird sie nicht zuteil. In der *Judenbuche* vermögen die staatlichen Institutionen dem Recht ebenfalls nicht zum Sieg zu verhelfen. Der Tod der Hauptfigur Friedrich Mergel sieht jedoch aus wie ein Selbstgericht und Schuldeingeständnis. So scheint am Ende, auch wenn Ungereimtheiten übrig bleiben, eine Art höherer Gerechtigkeit zu triumphieren.

*

Holz- und Jagdfrevel waren an der Tagesordnung

Friedrich Mergel, geboren 1738, war der einzige Sohn eines sogenannten Halbmeiers oder Grundeigentümers geringerer Klasse im Dorfe B., das, so schlecht gebaut und rauchig es sein mag, doch das Auge jedes Reisenden fesselt durch die überaus malerische Schönheit seiner Lage in der grünen Waldschlucht eines bedeutenden und geschichtlich merkwürdigen Gebirges. Das Ländchen, dem es angehörte, war damals einer jener abgeschlossenen Erdwinkel ohne Fabriken und Handel, ohne Heerstraßen, wo noch ein fremdes Gesicht Aufsehen erregte und eine Reise von dreißig Meilen selbst den Vornehmeren zum Ulysses seiner Gegend machte – kurz, ein Fleck, wie es deren sonst so viele in Deutschland gab, mit all den Mängeln und Tugenden, all der Originalität und Beschränktheit, wie sie nur in solchen Zuständen gedeihen. Unter höchst einfachen und häufig unzulänglichen Gesetzen waren die Begriffe der Einwohner von Recht und Unrecht einigermaßen in Verwirrung geraten, oder vielmehr, es hatte sich neben dem gesetzlichen ein zweites Recht gebildet, ein Recht der öffentlichen Meinung, der Gewohnheit und der durch Vernachlässigung entstandenen Verjährung. Die Gutsbesitzer, denen die niedere Gerichtsbarkeit zustand, straften und belohnten nach ihrer in den meisten Fällen redlichen Einsicht; der Untergebene tat, was ihm ausführbar und mit einem etwas weiten Gewissen verträglich schien, und nur dem Verlierenden fiel es zuweilen ein, in alten staubichten Urkunden nachzuschlagen.

Ein Menschenschlag, unruhiger und unternehmender als alle seine Nachbarn, ließ in dem kleinen Staate, von dem wir reden, manches weit greller hervortreten als anderswo unter gleichen Umständen. Holz- und Jagdfrevel waren an der Tagesordnung, und bei den häufig vorfallenden Schlägereien hatte sich jeder selbst seines zerschlagenen Kopfes zu trösten. Da jedoch große und ergiebige Waldungen den Hauptreichtum des Landes ausmachten, ward allerdings scharf über die Forsten gewacht, aber weniger auf gesetzlichem Wege als in stets erneuten Versuchen, Gewalt und List mit gleichen Waffen zu überbieten.

Das Dorf B. galt für die hochmütigste, schlauste und kühnste Gemeinde des ganzen Fürstentums. Seine Lage inmitten tiefer und stolzer Waldeinsamkeit mochte schon früh den angeborenen Starrsinn der Gemüter nähren; die Nähe des Flusses, der in die See mündete und bedeckte Fahrzeuge trug, groß genug, um Schiffbauholz bequem und sicher außer Landes zu führen, trug sehr dazu bei, die natürliche Kühnheit der Holzfrevler zu ermutigen, und der Umstand, daß alles umher von Förstern wimmelte, konnte hier nur aufregend wirken, da bei den häufig vorkommenden Scharmützeln der Vorteil meist auf seiten der Bauern blieb. Dreißig, vierzig Wagen zogen zugleich aus in den schönen Mondnächten mit ungefähr doppelt soviel Mannschaft jedes Alters, vom halbwüchsigen Knaben bis zum siebzigjährigen Ortsvorsteher, der als erfahrener Leitbock den Zug mit gleich stolzem Bewußtsein anführte, als er seinen Sitz in der Gerichtsstube einnahm. Die Zurückgebliebenen horchten sorglos dem allmählichen Verhallen des Knarrens und Stoßens der Räder in den Hohlwegen und schliefen sacht weiter. Ein gelegentlicher Schuß, ein schwacher Schrei ließen wohl einmal eine junge Frau oder Braut auffahren; kein anderer achtete darauf. Beim ersten Morgengrauen kehrte der Zug ebenso schweigend heim, die Gesichter glühend wie Erz, hier und dort einer mit verbundenem Kopf, was weiter nicht in Betracht kam und nach ein paar Stunden war die Umgegend voll von Mißgeschick ein (oder mehrerer) Forstbeamten, die aus dem Walde getragen wurden, zerschlagen, mit Schnupftabak geblendet und für einige Zeit unfähig, ihrem Berufe nachzukommen.

In dieser Umgebung ward Friedrich Mergel geboren.

Es ist nicht recht, daß der Unschuldige für den Schuldigen leide

Es war ein für die Jahreszeit ungewöhnlich heißer Tag: die Luft zitterte, kein Vogel sang, nur die Raben krächzten langweilig aus den Ästen und hielten ihre offenen Schnäbel der Luft entgegen. Brandis war sehr ermüdet. Bald nahm er seine von der Sonne durchglühte Kappe ab, bald setzte er sie wieder auf. Es war alles gleich unerträglich, das Arbeiten durch den kniehohen Schlag sehr beschwerlich. Rings umher kein Baum außer der Judenbuche. Dahin strebte er denn auch aus allen Kräften und ließ sich todmatt auf das beschattete Moos darunter nieder. Die Kühle zog so angenehm durch seine Glieder, daß er die

Augen schloß. „Schändliche Pilze!“, murmelte er halb im Schlaf. Es gibt nämlich in jener Gegend eine Art sehr saftiger Pilze, die nur ein paar Tage stehen, dann einfallen und einen unerträglichen Geruch verbreiten. Brandis glaubte, solche unangenehmen Nachbarn zu spüren, er wandte sich ein paarmal hin und her, mochte aber doch nicht aufstehen; sein Hund sprang unterdessen umher, kratzte am Stamm der Buche und bellte hinauf. – „Was hast du da, Bello?, eine Katze?“, murmelte Brandis. Er öffnete die Wimper halb, und die Judenschrift fiel ihm ins Auge, sehr ausgewachsen, aber doch noch ganz kenntlich. Er schloß die Augen wieder; der Hund fuhr fort zu bellen und legte endlich seinem Herrn die kalte Schnauze ans Gesicht.

„Laß mich in Ruh! was hast du denn?“ Hiebei sah Brandis, wie er so auf dem Rücken lag, in die Höhe, sprang dann mit einem Satze auf und wie besessen ins Gestrüpp hinein.

Totenbleich kam er auf dem Schlosse an: in der Judenbuche hänge ein Mensch; er habe die Beine gerade über seinem Gesichte hängen sehen. „Und du hast ihn nicht abgeschnitten, Esel?“, rief der Baron. – „Herr“, keuchte Brandis, „wenn Euer Gnaden dagewesen wären, so wüßten Sie wohl, daß der Mensch nicht mehr lebt. Ich glaubte anfangs, es seien die Pilze!“ Dennoch trieb der Gutsherr zur größten Eile und zog selbst mit hinaus.

Sie waren unter der Buche angelangt. „Ich sehe nichts“, sagte Herr von S. – „Hierher müssen Sie treten, hierher an diese Stelle!“ - Wirklich, dem war so: der Gutsherr erkannte seine eigenen abgetragenen Schuhe. – „Gott, es ist Johannes! - Setzt die Leiter an! - so - nun herunter! - sacht, sacht! laßt ihn nicht fallen! - Lieber Himmel, die Würmer sind schon daran! Macht dennoch die Schlinge auf und die

Halsbinde.“ - Eine breite Narbe ward sichtbar; der Gutsherr fuhr zurück. – „Mein Gott!“, sagte er; er beugte sich wieder über die Leiche, betrachtete die Narbe mit großer Aufmerksamkeit und schwieg eine Weile in tiefer Erschütterung. Dann wandte er sich zu den Förstern: „Es ist nicht recht, daß der Unschuldige für den Schuldigen leide; sagt es nur allen Leuten: der da“ - er deutete auf den Toten – „war Friedrich Mergel.“ - Die Leiche ward auf dem Schindanger verscharrt.

Dies hat sich nach allen Hauptumständen wirklich so begeben im September des Jahrs 1789.

Die hebräische Inschrift an dem Baume heißt: „Wenn du dich diesem Orte nahest, so wird es dir ergehen, wie du mir getan hast.“

Annette von Droste-Hülshoff: Die Judenbuche (1842)

Ein Heuschiff als Brautbett

Zwei Kinder aus zwei verfeindeten Familien dürfen sich nicht lieben und gehen in den Tod. Dieser Stoff wurde von der Antike bis heute um die vierzig Mal in literarischen Werken, Opern und Musicals, Orchesterstücken und Filmen dargestellt. Wir erinnern uns an ein unglückliches Paar in Verona und an Leonard Bernsteins *West Side Story*.

Gottfried Keller kannte den Stoff. In seiner Erzählung *Romeo und Julia auf dem Dorfe* bezog er sich jedoch ausdrücklich auf einen wirklichen Vorfall. In der Zeitung hatte er vom doppelten Selbstmord eines jugendlichen Paares aus der Gegend von Leipzig gelesen. Der 18-jährige Gustav Heinrich Wilhelm aus Großböhla und die gleichaltrige Johanna Auguste Abicht aus Volkmarsdorf, denen die Eltern jeglichen Umgang miteinander verboten hatten, gingen gemeinsam in den Tod: „Am Morgen fand man die Leichen beider Liebenden auf dem Felde liegen; sie hatten sich eine Kugel durch den Kopf geschossen," schrieb am 3. September 1847 die *Zürcher Freiheitszeitung*.

Keller verlegte die Handlung in die Nachbarschaft der fiktiven Schweizer Stadt Seldwyla, wo auch andere seiner Novellen spielen. Die Leser in der Schweiz und in Deutschland waren nicht alle erbaut von seiner Dorfgeschichte, die sie – durchaus richtig – als Angriff auf die guten Sitten verstanden. Die Schlußzeilen der Erzählung nehmen das vorweg. In Dänemark löste die Übersetzung helle Empörung aus. Feine Damen scheuten sich, den Text zu kaufen.

All das hat die Verbreitung der Novelle nicht behindert. Mit der Zeit stieg die ergreifende Geschichte von der Liebe zweier junger Leute und ihrem stillen Tod zu einer der meistgelesenen Erzählungen in deutscher Sprache auf.

*

Verzweifelte und gottverlassene Hochzeit

Salis Herz klopfte bald wie mit Hämmern, bald stand es still, er atmete schwer und sagte leise: „Es gibt eines für uns, Vrenchen, wir halten Hochzeit zu dieser Stunde und gehen dann aus der Welt – dort ist das tiefe Wasser – dort scheidet uns niemand mehr und wir sind zusammen gewesen – ob kurz oder lang, das kann uns dann gleich sein. – "

Vrenchen sagte sogleich: „Sali – was du da sagst, habe ich schon lang bei mir gedacht und ausgemacht, nämlich daß wir sterben könnten und dann alles vorbei wäre – so schwör mir es, daß du es mit mir tun willst!"

„Es ist schon so gut wie getan, es nimmt dich niemand mehr aus meiner Hand als der Tod!" rief Sali außer sich. Vrenchen aber atmete hoch auf, Tränen der Freude entströmten seinen Augen: es raffte sich auf und sprang leicht wie ein Vogel über das Feld gegen den Fluß hinunter. Sali eilte ihm nach; denn er glaubte, es wolle ihm entfliehen, und Vrenchen glaubte, er wolle es zurückhalten. So sprangen sie einander nach und Vrenchen lachte wie ein Kind, welches sich nicht will fangen lassen. „Bereust du es schon?" rief eines zum andern, als sie am Flusse angekommen waren und sich ergriffen. „Nein! es freut mich immer mehr!" erwiderte ein jedes. Aller Sorgen ledig gingen sie am

Ufer hinunter und überholten die eilenden Wasser, so hastig suchten sie eine Stätte, um sich niederzulassen; denn ihre Leidenschaft sah jetzt nur den Rausch der Seligkeit, der in ihrer Vereinigung lag, und der ganze Wert und Inhalt des übrigen Lebens drängte sich in diesem zusammen; was danach kam, Tod und Untergang, war ihnen ein Hauch, ein Nichts, und sie dachten weniger daran als ein Leichtsinniger denkt, wie er den andern Tag leben will, wenn er seine letzte Habe verzehrt.

„Meine Blumen gehen mir voraus“, rief Vrenchen, „sieh, sie sind ganz dahin und verwelkt!“ Es nahm sie von der Brust, warf sie ins Wasser und sang laut dazu: „Doch süßer als ein Mandelkern ist meine Lieb zu dir!“

„Halt!“ rief Sali, „hier ist dein Brautbett!“

Sie waren an einen Fahrweg gekommen, der vom Dorfe her an den Fluß führte, und hier war eine Landungsstelle, wo ein großes Schiff, hoch mit Heu beladen, angebunden lag. In wilder Laune begann er unverweilt die starken Seile loszubinden. Vrenchen fiel ihm lachend in den Arm und rief: „Was willst du tun? Wollen wir den Bauern ihr Heuschiff stehlen zu guter Letzt?“ „Das soll die Aussteuer sein, die sie uns geben, eine schwimmende Bettstelle und ein Bett, wie noch keine Braut gehabt! Sie werden überdies ihr Eigentum unten wiederfinden, wo es ja doch hin soll, und werden nicht wissen, was damit geschehen ist. Sieh, schon schwankt es und will hinaus!“

Das Schiff lag einige Schritte vom Ufer entfernt im tiefern Wasser. Sali hob Vrenchen mit seinen Armen hoch empor und schritt durch das Wasser gegen das Schiff; aber es liebkoste ihn so heftig ungebärdig und zappelte wie ein Fisch, daß er im ziehenden Wasser keinen Stand halten konnte. Es strebte Gesicht und Hände ins Wasser zu tauchen und rief „Ich will auch das kühle Wasser versuchen! Weißt du noch, wie kalt und naß unsere Hände waren, als wir sie uns zum erstenmal gaben? Fische fingen wir damals, jetzt werden wir selber Fische sein und zwei schöne große!“ – „Sei ruhig, du lieber Teufel!“ sagte Sali, der Mühe hatte, zwischen dem tobenden Liebchen und den Wellen sich aufrecht zu halten, „es zieht mich sonst fort!“ Er hob seine Last in das Schiff und schwang sich nach; er hob sie auf die hochgebettete weiche und duftende Ladung und schwang sich auch hinauf, und als sie oben saßen, trieb das Schiff allmählich in die Mitte des Stromes hinaus und schwamm dann, sich langsam drehend, zu Tal.

Der Fluß zog bald durch hohe dunkle Wälder, die ihn überschatteten, bald durch offenes Land; bald an stillen Dörfern vorbei, bald an einzelnen Hütten; hier geriet er in eine Stille, daß er einem ruhigen See glich und das Schiff beinah stillhielt, dort strömte er um Felsen und ließ die schlafenden Ufer schnell hinter sich; und als die Morgenröte aufstieg, tauchte zugleich eine Stadt mit ihren Türmen aus dem silbergrauen Strome. Der untergehende Mond, rot wie Gold, legte eine glänzende Bahn den Strom hinauf und auf dieser kam das Schiff langsam überquer gefahren. Als es sich der Stadt näherte, glitten im Froste des Herbstmorgens zwei bleiche Gestalten, die sich fest umwanden, von der dunklen Masse herunter in die kalten Fluten.

Das Schiff legte sich eine Weile nachher unbeschädigt an eine Brücke und blieb da stehen. Als man später unterhalb der Stadt die Leichen fand und ihre Herkunft ausgemittelt hatte, war in den Zeitungen zu lesen, zwei junge Leute, die Kinder zweier blutarmen zugrunde gegangenen Familien, welche in unversöhnlicher Feindschaft lebten, hätten im Wasser den Tod gesucht, nachdem sie einen ganzen Nachmittag herzlich miteinander getanzt und sich belustigt auf einer Kirchweih. Es sei dies Ereignis vermutlich in Verbindung zu bringen mit einem Heuschiff aus jener Gegend, welches ohne Schiffleute in der Stadt gelandet sei, und man nehme an, die jungen Leute haben das Schiff entwendet, um darauf ihre verzweifelte und gottverlassene Hochzeit zu halten, abermals ein Zeichen von der um sich greifenden Entsittlichung und Verwilderung der Leidenschaften.

Gottfried Keller: Romeo und Julia auf dem Dorfe (1856)

Geburt und Tod in der Kröppelstraße

Am Ende ist er Pastor auf einer „Hungerpfarre“ in „Grunzenow“, einem Nest an der Ostsee. *Nomen est omen.* Das gilt auch für den Helden Hans Unwirrsch, ein wenig auch für die Straße, in der er zur Welt kommt, und für seine getreue Helferin, die Base Schlotterbeck. Nach dem Studium der Theologie nimmt er eine Stelle als Hauslehrer im Dorf Kohlenau an, wo die Fabrikschlote rauchen. Und das Fräulein Kleophea fällt durch geziertes Benehmen auf.

Hans Unwirrsch bewegt sich nach oben, von den Anfängen in einer Schusterwerkstatt über Schule, Gymnasium und Universität. Sein Aufstieg führt ihn jedoch nicht zu Reichtum und gesellschaftlichem Ansehen. Am Ende zählt, daß er an Vernunft und Wirklichkeitssinn gewonnen hat und den Menschen mit Güte und Nächstenliebe begegnet.

Der *Hungerpastor* von Wilhelm Raabe ist ein Entwicklungsroman im guten deutschen Sinne. Wie der *Simplicissimus*, Goethes *Wilhelm Meister* oder der *Grüne Heinrich* von Gottfried Keller. Er schildert den Werdegang eines jungen Menschen bis hin zu einer gewissen menschlichen Vollkommenheit und der Ausbildung von wünschenswerten Fähigkeiten. Der Hunger begleitet ihn und ist eine Art Lebensantrieb und Leitmotiv. Er ist nicht nur eine Sache des Leibes. Hans verlangt vor allem nach den Speisen des Geistes und der Seele. Er will ehrlich sein und seinen Hunger nach Wissen und Erkenntnis stillen.

Raabe zeigt uns ein Deutschland der kleinen Leute in der Mitte des 19. Jahrhunderts. Die Eisenbahn fährt schon, in den Häusern der Wohlhabenden gibt es Gaslicht. Die Armen leben in engen Verhältnissen und leiden Mangel. Das wird schonungslos geschildert und ohne das Leid und die finsteren Seiten des Daseins zu verharmlosen. Aber auch mit schönen Bildern, hinter denen ein freundlicher und humorvoller Erzähler steht, der die menschlichen Schwächen seiner Figuren verständnisvoll und nachsichtig beschreibt.

*

Er schrie tüchtig in der Todesstunde seines Vaters

Arme Leute und reiche Leute leben auf verschiedene Art in dieser Welt; aber wenn die Sonne des Glücks in ihre Hütten, Häuser oder Paläste scheint, so vergoldet sie mit ganz dem nämlichen Schein die hölzerne Bank wie den Samtsessel, die getünchte Wand wie die vergoldete, und mehr als ein philosophischer Schlaukopf will bemerkt haben, daß, was Freude und Leid betrifft, der Unterschied zwischen reichen und armen Leuten gar so groß nicht sei, wie man auf beiden Seiten oft, sehr oft, ungemein oft denkt. Wir wollen das dahingestellt sein lassen; uns genügt es, daß das Lachen nicht Monopol und das Weinen nicht Servitut* ist auf diesem rundlichen, an beiden Polen abgeplatteten, feuergefüllten Ball, auf welchem wir uns ohne unsern Willen einfinden und von welchem wir ohne unsern Willen abgehen, nachdem uns der Zwischenraum zwischen Kommen und Gehen sauer genug gemacht wurde.

In armer Leute Haus schien jetzt die Sonne, das Glück beugte sein Haupt unter der niederen Tür und trat lächelnd herein, beide Hände offen zum Gruß darbietend. Es war hohe Freude über die Geburt des Sohnes bei den Eltern, dem Schuster Unwirrsch und seiner Frau, welche so lange darauf gewartet hatten, daß sie nahe daran waren, solche Hoffnung gänzlich aufzugeben.

Und nun war er doch gekommen, gekommen eine Stunde vor dem Feierabend! Die ganze Kröppelstraße wußte bereits um das Ereignis, und selbst zum Meister Nikolaus Grünebaum, dem Bruder der Wöchnerin, welcher ziemlich am anderen Ende der Stadt wohnte, war die frohe Botschaft gedrungen. Ein grinsender Schusterjunge, der seine Pantoffeln, um schneller laufen zu können, unter den Arm genommen hatte, brachte die Nachricht dahin und schrie sie atemlos dem Meister in das weniger taube Ohr, was zur Folge hatte, daß der gute Mann während fünf Minuten viel dümmer aussah, als er war. Jetzt aber war er bereits auf dem Wege zur Kröppelstraße, und da er als Bürger, Hausbesitzer und ansässiger Meister die Pantoffel nicht unter den Arm nehmen konnte, so war davon die Folge, daß ihn der eine treulos an einer Straßenecke verließ, um das Leben auf eigene Hand oder vielmehr auf eigener Sohle anzufangen.

Als der Ohcim Grünebaum in dem Hause seines Schwagers ankam, fand er daselbst so viele gute Nachbarinnen mit Ratschlägen und Meinungsäußerungen vor, daß er sich in seiner jammerhaften Eigenschaft als alter Junggesell und ausgesprochener Weiberhasser höchst überflüssig erscheinen mußte. Er erschien sich auch in solchem Lichte und wäre beinahe umgekehrt, wenn ihn nicht der Gedanke an den in dem „Lärmsal“ elendig verlassenen Schwager und Handwerksgenossen doch dazu gebracht hätte, seine Gefühle zu bemeistern. Brummend und grunzend drängte er sich durch das Frauenvolk und fand endlich richtig den Schwager in einer auch nicht sehr beneidenswerten und leuchtenden Lage und Stellung.

Man hatte den Armen vollständig beiseite geschoben. Aus der Kammer der Wöchnerin hatte ihn die Frau Tiebus hinausgemaßregelt, in der Stube unter den Nachbarinnen war er auch vollkommen überflüssig; der Gevatter Grünebaum entdeckte ihn endlich kümmerlich in einem Winkel, wo er zusammengedrückt auf einem Schemel saß und Teilnahme nur an der Hauskatze fand, die sich an seinen Beinen rieb. Aber in seinen Augen war noch immer jener Glanz, der aus einer anderen Welt zu stammen scheint: der Meister Unwirrsch hörte nichts von dem Flüstern und Schnattern der Weiber, er sah nichts von ihrem Durcheinander, er sah auch den Schwager nicht, bis dieser ihn an den Schultern packte und ihn auf nicht sehr sanfte Art ins Bewußtsein zurückschüttelte.

„Gib'n Zeichen, daß du noch beis labendige Dasein bist, Anton!“ brummte der Meister Grünebaum. „Sei'n Mensch und'n Mann, wirf die Weibsleute 'raus, alle, bis auf – bis auf die Base Schlotterbeck dort. Denn obschonst der Deibel die Graden und die Ungraden nimmt, so ist das doch die einzigste drunter, die 'nen Menschen wenigstens alle Stunde einmal zu Worte kommen läßt.

... noch ein Jahr lebte der Meister Anton nach der Geburt seines Sohnes, dann starb er an einer Lungenentzündung. Das Schicksal machte es mit ihm nicht anders als mit so manchem anderen; es gab ihm sein Teil Freude in der Hoffnung und versagte ihm die Erfüllung, welche von der Hoffnung doch stets allzu weit überflogen wird.

Johannes schrie tüchtig in der Todesstunde seines Vaters, doch nicht um den Vater. Die Frau Christine aber schrie sehr um den Gatten und wollte sich lange Zeit weder durch die tröstenden Worte der Base Schlotterbeck noch durch die philosophischen Zusprüche des weisen Meisters Nikolaus Grünebaum beruhigen lassen. Dem Sterbenden versprach der Schwager, sein Bestes zu tun für die Hinterlassenen und ihnen in allen Nöten nach besten Kräften beizustehen. Noch einmal rang Anton Unwirrsch nach Luft, aber die Luft war für ihn zu sehr mit Feuerflammen gefüllt; er seufzte und starb.

Der Doktor schrieb ihm den Totenschein, es kam die Frau Kiebike, die Totenfrau, und wusch ihn, sein Sarg war zur rechten Zeit fertig, ein gutes Gefolge von Nachbarn und Freunden gab ihm das Geleit zum Kirchhof, und im Winkel neben dem Ofen saß die Frau Christine, hielt ihr Kind auf dem Schoß und sah mit starren, verweinten Augen auf den niederen, schwarzen Arbeitsschemel und den niederen, schwarzen Arbeitstisch und wollte es noch immer nicht glauben, daß ihr Anton niemals mehr drauf und dran sitzen sollte. Die Base Schlotterbeck räumte die leeren Kuchenteller, die Flaschen und Gläser fort, welche voll den Leidtragenden, den Leichenträgern und den kondolierenden Nachbarinnen zur Stärkung im Jammer vorgesetzt worden waren. Hans Jakob Nikolaus Unwirrsch kreischte in kindlicher Lust und streckte verlangend die kleinen Hände nach der blitzenden Glaskugel aus, welche über des Vaters Tische hing, auf welche jetzt die Sonne schien und welche einen so merkwürdigen Schein über die Gedankenwelt Anton Unwirrschs gegossen hatte. Der Einfluß dieser Kugel sollte noch lange fortdauern.

Wilhelm Raabe: Der Hungerpastor (1863)

* Dienstliche Pflicht

Muß Hauke Haien sterben?

Storm schildert eine „unerhörte Begebenheit“, wie Goethe es gefordert hatte, und zeigt einen außergewöhnlichen Menschen im Kampf mit den Naturgewalten, bei dem er unterliegt. Die Geschichte endet mit einer Katastrophe.

Als Theodor Storm im Jahr 1888 seine Novelle veröffentlicht, gibt es in Deutschland die Eisenbahn und die ersten Telegraphen. Die Menschen beginnen mit Kohle und Briketts zu heizen, einige benutzen Schreibmaschinen, und in Berlin brennen elektrische Straßenleuchten.

Solche technischen Errungenschaften und das aufgeklärte Denken, das ihnen zugrunde liegt, sind 130 Jahre früher bei den Bewohnern der Nordseeküste, unter denen Storms Erzählung spielt, noch nicht vorhanden. Sie glauben an Spuk und Gespenster, schmähen eine alte Frau als Hexe oder beobachten Massen von Ungeziefer, das wie Schnee vom Himmel fällt und sich in dicker Schicht auf den Weiden sammelt. Auf einer nahegelegenen Hallig scheint ein Pferdegerippe bei Vollmond lebendig zu werden. Und der Pfarrer findet in seinem Waschbecken fünf winzige Totenschädel. Dieser geistigen Rückständigkeit setzt der Held der Geschichte, der Deichgraf Hauke Haien, ein leidlich entwickeltes technisches Wissen und kühle, rationale Planung entgegen. Er baut einen Deich, der dem Wüten des Meeres standhalten und die Bewohner seines Dorfes schützen wird.

Er irrt. Die Natur ist stärker, eine Sturmflut bahnt sich den Weg an der Nahtstelle zwischen zwei Deichen und zerstört Häuser und Stallungen.

Seine Frau und sein Kind kommen ums Leben. Er selbst reitet in die Fluten und sucht den Tod.

Geht es nicht anders? fragt sich der nachdenkliche Leser. Er will sich mit dem düsteren Ausgang der Geschichte nicht abfinden und phantasiert Alternativen. Das ist kein Mangel an Respekt gegenüber einem dichterischen Werk und seinem Schöpfer. Die Autoren machen es ihm vor. Brecht schrieb für seine *Dreigroschenoper* mehrere, auf die unterschiedlichen politischen Verhältnisse zur Aufführungszeit anspielende Schlußfassungen. Vom Publikum seines Lehrstücks *Der gute Mensch von Sezuan* fordert er, es möge selbst einen Schluß finden. Und die Ich-Erzählerin in Ulla Hahns Roman *Aufbruch* schlägt ein anderes Ende für Goethes *Werther* vor. Anstatt sich zu erschießen, solle Werther überleben und etwas Nützliches für die Menschheit tun. Das ist kreativer Umgang mit literarischen Texten und gehört zu deren Deutung.

Hauke Haien hat beim Bau eines neuen Deichs die Befestigung des alten vernachlässigt. Als Deichvogt hat er versagt. Er hat den Tod seiner Lieben mitverursacht und will nicht mehr weiterleben. Sein Selbstmord ist psychologisch plausibel. Einige Leser mögen seinen Tod auch für moralisch angemessen halten. Indem er sich in die Fluten stürzt und stirbt, scheint er sein Versäumnis zu sühnen. Aber an einer Stelle des Textes richtet der Held sein Denken auf die Zeit nach der Sturmflut: „Auf mancher Werft wird ein Haus in Trümmern liegen. Schlechte Jahre werden für die überschwemmten Fennen kommen, Siele und Schleusen zu reparieren sein! Wir müssen's tragen, und ich will helfen."

Storm spinnt diesen Gedanken nicht weiter aus. Nachdem die Wellen sein Weib und sein Kind verschlungen haben, läßt er den Helden sterben. Das ist irgendwie schlüssig. Aber dem Leser geht nicht aus dem Kopf, daß Hauke Haien überleben könnte. Ein fähiger Deichgraf, der der Katastrophe entrinnt, könnte Gutes für seine Mitmenschen tun, zum Beispiel einen neuen Deich bauen. Angesichts dieses optimistischen Ausblicks – eine *Utopie*, die Storm nicht erzählt – erscheint der Selbstmord des Hauke Haien als eine Tat der Unvernunft und als Rückfall des Helden hinter sein eigenes aufgeklärtes Denken.

*

Als wolle der Sturm das Dach von den Mauern reißen.

Es war vor Allerheiligen, im Oktober. Tagsüber hatte es stark aus Südwest gestürmt; abends stand ein halber Mond am Himmel, dunkelbraune Wolken jagten überhin, und Schatten und trübes Licht flogen auf der Erde durcheinander; der Sturm war im Wachsen. Im Zimmer des Deichgrafen stand noch der geleerte Abendtisch; die Knechte waren in den Stall gewiesen, um dort des Viehes zu achten; die Mägde mußten im Hause und auf den Böden nachsehen, ob Türen und Luken wohlverschlossen seien, daß nicht der Sturm hineinfasse und Unheil anrichte. Drinnen stand Hauke neben seiner Frau am Fenster.

„Es geht nicht länger, Elke!“ sagte er, „ruf eine von den Dirnen; der Sturm drückt uns die Scheiben ein, die Luken müssen angeschroben werden!“

Auf das Wort der Hausfrau war die Magd hinausgelaufen; man sah vom Zimmer aus, wie ihr die Röcke flogen; aber als sie die Klammern gelöst hatte, riß ihr der Sturm den Laden aus der Hand und warf ihn gegen die Fenster, daß ein paar Scheiben zersplittert in die Stube flogen und eins der Lichter qualmend auslosch. Hauke mußte selbst hinaus, zu helfen, und nur mit Not kamen allmählich die Luken vor die Fenster. Als sie beim Wiedereintritt in das Haus die Tür aufrissen, fuhr eine Böe hintendrein, daß Glas und Silber im Wandschrank durcheinanderklirrten; oben im Hause über ihren Köpfen zitterten und krachten die Balken, als wolle der Sturm das Dach von den Mauern reißen. Aber Hauke kam nicht wieder in das Zimmer; Elke hörte, wie er durch die Tenne nach dem Stalle schritt. „Den Schimmel! Den Schimmel, John! Rasch!“ So hörte sie ihn rufen.

Draußen wieherte der Schimmel, daß es wie Trompetenschall in das Heulen des Sturmes hineinklang. Elke war mit ihrem Mann hinausgegangen; die alte Esche knarrte, als ob sie auseinanderstürzen solle. „Steigt auf, Herr!“ rief der Knecht, „der Schimmel ist wie toll; die Zügel könnten reißen.“ Hauke schlug die Arme um sein Weib. „Bei Sonnenaufgang bin ich wieder da!“

„Das Ende!“ sprach er leise vor sich hin

Er sah noch mehr: ein Wagen, nein, eine zweiräderige Karriole kam wie toll gegen den Deich herangefahren; ein Weib, ja auch ein Kind saßen darin. Und jetzt – war das nicht das kreischende Gebell eines kleinen Hundes, das im Sturm vorüberflog? Allmächtiger Gott! Sein Weib, sein

Kind waren es; schon kamen sie dicht heran, und die schäumende Wassermasse drängte auf sie zu. Ein Schrei, ein Verzweiflungsschrei brach aus der Brust des Reiters. „Elke!“ schrie er; „Elke! Zurück! Zurück!“

Aber Sturm und Meer waren nicht barmherzig, ihr Toben zerwehte seine Worte; nur seinen Mantel hatte der Sturm erfaßt, es hätte ihn bald vom Pferd herabgerissen; und das Fuhrwerk flog ohne Aufenthalt der stürzenden Flut entgegen. Da sah er, daß das Weib wie gegen ihn hinauf die Arme streckte: Hatte sie ihn erkannt? Hatte die Sehnsucht, die Todesangst um ihn sie aus dem sicheren Haus getrieben? Und jetzt – rief sie ein letztes Wort ihm zu? – Die Fragen fuhren durch sein Hirn; sie blieben ohne Antwort: von ihr zu ihm, von ihm zu ihr waren die Worte all verloren: nur ein Brausen wie vom Weltenuntergang füllte ihre Ohren und ließ keinen andern Laut hinein.

„Mein Kind! O Elke, o getreue Elke!“ schrie Hauke in den Sturm hinaus.

Da sank aufs neu ein großes Stück des Deiches vor ihm in die Tiefe, und donnernd stürzte das Meer sich hintendrein; noch einmal sah er drunten den Kopf des Pferdes, die Räder des Gefährtes aus dem wüsten Greuel emportauchen und dann quirlend darin untergehen. Die starren Augen des Reiters, der so einsam auf dem Deiche hielt, sahen weiter nichts. „Das Ende!“ sprach er leise vor sich hin; dann ritt er an den Abgrund, wo unter ihm die Wasser, unheimlich rauschend, sein Heimatsdorf zu überfluten begannen; noch immer sah er das Licht von seinem Hause schimmern; es war ihm wie entseelt. Er richtete sich hoch auf und stieß dem Schimmel die Sporen in die Weichen; das Tier bäumte sich, es hätte sich fast überschlagen; aber die Kraft des Mannes drückte es herunter. „Vorwärts!“ rief er noch einmal, wie er es so oft zum festen Ritt gerufen hatte. „Herr Gott, nimm mich; verschon die anderen!“

Noch ein Sporenstich; ein Schrei des Schimmels, der Sturm und Wellenbrausen überschrie; dann unten aus dem hinabstürzenden Strom ein dumpfer Schall, ein kurzer Kampf.

Der Mond sah leuchtend aus der Höhe; aber unten auf dem Deiche war kein Leben mehr als nur die wilden Wasser, die bald den alten Koog fast völlig überflutet hatten. Noch immer aber ragte die Werfte von Hauke Haiens Hofstatt aus dem Schwall hervor, noch schimmerte von dort der Lichtschein, und von der Geest her, wo die Häuser allmählich dunkel wurden, warf noch die einsame Leuchte aus dem Kirchturm ihre zitternden Lichtfunken über die schäumenden Wellen.

Theodor Storm: Der Schimmelreiter (1888)

Eine ähnliche Fassung in: *Edelsteine.* 107 Sternstunden der deutschen Sprache. Paderborn IFB Verlag Deutsche Sprache, 2014

Thilde, halte dich propper!

Nach dem Tod des Vaters, eines kleinen Buchhalters, leben die Frauen Möhring in einer Mietwohnung in der Georgenstraße in Berlin. Die Tochter Mathilde hat ein anmutiges Profil. Der Vermieter nannte sie auch einmal „appetitlich". Aber wirklich schön ist sie nicht. Sie hat strähniges Haar, eine „griese" Haut und – was mag das sein? – einen „Blechblick".

Der Referendar Hugo Großmann, Untermieter bei den Möhrings, schätzt Mathildes Warmherzigkeit und deren vernünftige Art und Tüchtigkeit. Und er schaut über ihre kleinbürgerliche Abkunft hinweg. Beide heiraten und gehen in eine Kleinstadt in Westpreußen, wo Hugo das Amt eines Bürgermeisters antritt. Nach Hugos frühem Tod – er war immer ein wenig zart und nicht so recht fürs rauhe Leben geeignet – kehrt Mathilde nach Berlin zurück. Sie studiert und wird Lehrerin.

Der Roman *Mathilde Möhring*, ist das Gegenstück zu *Effi Briest* (1895), dem bekannteren und berühmteren Text Fontanes. Effi geht an den rigiden Normen der preußischen Adels- und Beamtenkaste zugrunde. Mathilde emanzipiert sich ein Stück von den gesellschaftlichen Zwängen des kaiserlichen Deutschlands, indem sie eine Ausbildung absolviert und einen Beruf ausübt. Am Ende kann sie ohne Mann existieren und für sich und ihre Mutter sorgen.

Fontane erzählt das mit freundlicher Ironie. In zwanglosem Plauderton, anmutig, aber ungekünstelt.

Ganz ohne Mann hätte Thilde den gesellschaftlichen Aufstieg indessen kaum geschafft. In *Effi Briest* stürzen zwei Männer die Heldin ins Verderben. Mathilde dagegen gelangt dank ihrer Verlobung und Heirat zu einem besseren Leben. Die Ehe mit einem Bürgermeister hebt ihr Ansehen, und die Pension einer Beamtenwitwe erleichtert den Einstieg in die Selbständigkeit.

Thildes Chancen, geliebt zu werden, so lehrte uns der Erzähler am Anfang, waren nicht groß. Ihre Fähigkeiten zu lieben sind gering. Zum zögerlich gegebenen Jawort drückt sie lediglich ihre „schmalen Lippen" auf Hugos Stirn. Einem innigeren Kuß weicht sie aus. Für ihren Ehemann bringt sie gütiges Wohlwollen und warmherzige Zuwendung auf. Aber das große Erlebnis der Liebe bleibt ihr versagt. Das ist die bedenkliche Seite dieser weiblichen Erfolgsgeschichte.

*

Nun denn, – also ja.

Hugo nickte und fand bestätigt, was Doktor Birnbaum eben über Thilde gesagt hatte. Wie richtig, wie gescheut war das alles! Und er freute sich über ihre tapferen und aufgeklärten Ansichten.

Es ist ein merkwürdiges Mädchen, grübelte er, nicht eigentlich schön, wenn man sie nicht zufällig im Profil sieht, aber klug und tapfer, ich möchte sagen, ein echtes deutsches Mädchen, charaktervoll, ein Wesen, das jeden glücklich machen muß, und von einer großen Innerlichkeit, geistig und moralisch.

In dieser Richtung gingen von Stund an Hugos Gedanken, und als er vielleicht zwei Wochen vor

Weihnachten, Mitte Dezember, wieder in sein eigenes Zimmer hinüberquartiert* wurde, was der alten Möhring eine heimliche Genugtuung verursachte, hatte sich die Überzeugung bei ihm festgesetzt, daß Thilde ganz die Frau sei, die für ihn passe. So gewiß er sich für einen ästhetisch fühlenden und mit einer latenten Dichterkraft ausgerüsteten Menschen hielt, so war er im Leben selbst doch von großer Bescheidenheit, beinah zaghaft, und hatte kein rechtes Vertrauen zu seinem Wissen und Können.

„Ich bin ein unnützer Brotesser", hatte er zu Rybinski gesagt, der ihn lachend mit der Versicherung getröstet hatte: „Dann gerade schmeckt's am besten." Und diese Beurteilung seiner selbst war richtig, und weil sie richtig war, war auch das richtig, daß Thilde für ihn passe. Sie hatte gerade das, was ihm fehlte, war quick, findig, praktisch. Er wollte sich noch vor Weihnachten ihres Jaworts versichern. Daß ihm das nicht versagt würde, davon hielt er sich überzeugt. Denn schließlich war er doch immer ein Bürgermeistersohn, während Thilde – soviel sah er wohl – auf Geburtsstolz verzichten mußte.

„Fräulein Thilde", sagte er, als sie gleich am ersten Abend seiner Wiederumquartierung ihm den Tee brachte und kleingeschnittenen Schinken und Butterbrot, „Fräulein Thilde, Sie sind sich immer gleich gegen mich in Ihrer Güte, und weil Sie glauben, es würde mir alles noch schwer, so haben Sie auch den Schinken schon zerschnitten. Sie haben mich gepflegt und verwöhnt und mir all die Wochen über erst gezeigt, wie glücklich man im Leben sein kann. Eine liebevolle Hand ist das, was man im Leben am meisten braucht. Aber setzen

Sie das Teezeug erst hin. Und nun geben Sie mir Ihre liebe kleine Hand, denn es ist eine kleine Hand, und treten Sie hierher mit mir ans Fenster und sehen Sie mit mir auf das Bild da, das Gewölk, das am Mond vorüberzieht und sich wieder aufhellt im Vorüberziehen. Es läßt sich vielleicht ausdeuten, aber ich mag es nicht, und auch ohne das, nur angesichts dieses Bildes, frage ich Sie, ob ich Ihre liebe kleine Hand auch noch weiter behalten darf, lange noch – ein Leben lang.“

Sie gab nicht unmittelbar Antwort und beschäftigte sich vielmehr damit, das Rouleau herunterzulassen. Dann faßte sie ihn sachte beim Arm, führte ihn vom Fenster weg bis an das hochlehnige Sofa zurück und sagte, während sie sich auf die andere Seite des Tisches stellte und beide Hände auf die Kante legte: „Sie sind noch so angegriffen, ich höre es an Ihrer Stimme, in der noch die Krankheit zittert, und daran, daß Sie gerade den Mond in unser Gespräch gezogen haben. ... Ach, Herr Großmann, der Mond ist nichts für Sie, Sie brauchen Sonne ... Sonne gibt mehr Kraft.“

„Das mag schon sein, aber das ist keine Antwort, Fräulein Thilde. Sie sollen ja nur ‚ja‘ oder ‚nein‘ sagen.“

„Nun denn, – also ja. Obwohl es noch lange dauern wird, bis es dahin kommen kann.“

Ich bin fürs Ernste, fürs Hergebrachte und auch für Religion, nicht bloß fürs Standesamt. Alles, meine ich, muß seinen Zweck haben. Ich rechne darauf, daß du mir durch Arbeit den Beweis deiner Liebe gibst. Erst das Examen. Das andere findet sich. Dafür will ich schon sorgen. ... Aber nun komm, daß wirs Mutter sagen. Oder nein, heute lieber nicht. Du bist noch nicht fest genug auf den Füßen, ich werde es ihr selbst sagen, heute Abend im Bett, und morgen früh kommst du dann. Ob sie sich freut, weiß ich nicht, aber *ja* wird sie schon sagen."

Sie stellte die kleine Teekanne vor ihn hin und was sonst noch auf dem Tablett stand. Und als sie alles geordnet und die Decke geradegezupft hatte, nahm sie das Tablett unter den linken Arm, bückte sich zu ihm herab und gab ihm einen Kuß auf die Stirn. Er wollte sie, vielleicht in unklarer Vorstellung von Bräutigamsrecht und -pflicht, festhalten und einen Sturm auf ihre schmalen Lippen versuchen, aber sie entwand sich ihm sanft. An der Türe legte sie den Zeigefinger an die Lippen und nickte ihm nochmals zu.

Das geplante Bettgespräch hatte stattgefunden und war unter Vermeidung aller Umschweife mit dem Satz begonnen worden:

„Mutter, weißt du was?"

„Was denn, Thilde?"

„Ich habe mich mit ihm verlobt."

Die Alte richtete sich auf wie ein Gespenst, sah Thilde an und sagte dann: „Jott, was soll nu aus mir werden?"

„Gar nichts, Mutter, du bleibst, was du bist, und ein Esser ist weniger. Und wenn du was brauchst, dann schick ich es dir."

„Ja, kann er denn ... hat er denn was?"

„Noch nicht, Mutter. Aber wenn ich ihn bloß erst habe, so richtig verlobt vor Gott und Menschen, dann wird es schon werden. Er sieht ja doch aus wie auf der Kanzel, und so einer kommt immer an. Ich werde ihn schon anbringen.“

„Und wirklich verlobt und nicht bloß so gesagt, und nachher sitzt du da, wie so ganz, ganz arme und unglückliche Mädchen dasitzen.“

„Mutter, was du nur immer denkst! Vater hat doch gesagt: ‚Thilde, halte dich propper!‘, und hab ich etwa nicht? Und nu kommst du immer mit solchen Geschichten. Oder denkst du wirklich, daß ich so dumm bin?“

Theodor Fontane: Mathilde Möhring (postum 1906)

* Während seiner Krankheit hat Hugo tagsüber in der guten Stube der Möhrings auf der Chaiselongue gelegen.

Das Mädchen im Wasser

„Komm in den totgesagten park und schau ...". Der Philosoph Theodor Adorno hielt dieses Gedicht von Stefan George für einen unerreichten Höhepunkt deutscher Lyrik. Man muß ihm nicht widersprechen. Andere Literaturkenner schwärmen von Goethes „Über allen Gipfeln ist Ruh". Ich habe andere Lieblingsgedichte und -verse. Für „Über allen Gipfeln ist Ruh", respektlos auch „Kickelhahngedicht" genannt, weil es auf dem Kickelhahn, einer Erhebung in der Nähe von Ilmenau, entstanden ist, kann ich mich nicht erwärmen. Da ist zu wenig lyrische Masse, um einen Spitzenplatz zu beanspruchen. Und ich finde keine wesentliche Aussage oder einen tieferen Gedanken, der den kargen Versen zu Hilfe käme.

Für manch einen gilt Knappheit an Silben für ein Merkmal lyrischer Dichtung. Die „Kraft der kurzen Wörter" wird beschworen. Aber gemach! Verszeilen mit nur einsilbigen Wörtern sind verpönt. Ein angesehener Germanist, der eine *Versschule* schrieb, hielt das für eine „klangliche Unschönheit" und fand es „fade, störend und ermüdend".

In Goethes Ballade *Der Fischer* gibt es mehrere Zeilen mit nur einsilbigen Wörtern: „Sie sang zu ihm, sie sprach zu ihm" oder „Labt ... /Der Mond sich nicht im Meer?". Aber wichtige und unwichtige Wörter wechseln sich ab: „Sie sang ..., sie sprach ..., im Meer". Da entstehen Jamben, die keineswegs fade sind. Auch Zeilen wie „Und daß sie auch nicht sei dein Herr" (Grimmelshausen) und „Wer spielt hier, spielt im Sand?" oder „Hat sich beim Spiel die Hand ..." (Grass) sind in Ordnung. Kurze Wörter haben „Saft und Kraft". Das ist richtig. Aber ein gutes Gedicht wird nicht schlecht durch längere Wörter wie „gedanken-bekümmert“ und „torschlaglaunig“ (Heine), „entgegenschweigend“ (Rilke) oder „ameisenemsig“ (Boldt).

Vergessen wir auch nicht: Deutsch ist „lang“. Und die langen Wörter sind oft griffiger als die getrennte Nebeneinanderstellung ihrer Bestandteile. „Kirschblüte“ ist lieblicher als „Blüte der Kirsche“, „Mondenschimmer“ stimmungsvoller als „Schimmer des Mondes“, „Hirngespinste“ dichter als „Gespinste des Hirns“ – welches es nicht in den allgemeinen Sprachgebrauch geschafft hat.

Das Motiv der Wasserleiche hat eine lange Tradition. Die unglückliche Ophelia, die sich aus Liebeskummer ertränkt, kennen wir aus Shakespeares *Hamlet.* Der französische Dichter Arthur Rimbaud hat aus diesem Stoff ebenfalls ein Gedicht gemacht. Gottfried Benn dichtet von jungen Ratten, die nicht im Haar, sondern in der Brust des toten Mädchens nisten. Auch Brecht schrieb Verse über eine Tote im Fluß: „Als sie ertrunken war und hinunterschwamm / Von den Bächen in die größeren Flüsse ...“.

Bei Georg Heym schwimmt die tote Ophelia durch eine ländliche, vom Menschen nicht gestaltete Ufergegend. Wild wachsende Pflanzen und ekles Getier, nichts Heimeliges. Gestrüpp von Farn und Kraut, Ratten, Aal, Fledermäuse. Ihren Tod betrauert eine Weide. Das ist freundliche Anteilnahme, später eingebettet in ruhige Mittagsstimmung, in der Schwäne sie beschirmen.

Nach dem Grund ihres Sterbens wird gefragt, aber ohne Antwort. Unglückliche Liebe könnte es sein. Sie trägt einen Traum von roten Lippen und von einem Kuß mit sich fort. Die Augen sanft geschlossen, als würde sie diesen Kuß empfangen.

Nach einem zweifachen „vorbei“ – zeitlich und räumlich zu verstehen – gerät Ophelia in eine lärmige Gegend. Nicht mehr Natur, sondern Stadt. Bedrohlich, laut, angsterzeugende Geräusche von Maschinen. Ein Kran ist Moloch und Tyrann und verzwergt die Menschen zu unterwürfigen Knechten. Das Nacheinander dieser Welten im Gedicht sieht aus wie zeitliche Abfolge. Auf eine ländliche Welt folgt Verstädterung mit Industrie und Menschenansammlungen.

Und erneut zweimal „vorbei“. Ophelia läßt auch die Maschinenwelt der Stadt hinter sich. Ein zarter Abend feiert noch einmal das Mädchen und ist der schöne Rahmen für ihr endgültiges Sterben. Sie taucht unter, versinkt und zerfällt. Aal und Ratten werden das Ihre dazu tun. Dann vergeht Ophelia für alle Ewigkeit und wird zum Nichts. Was zählt, ist nicht ländliche Natur, nicht Verstädterung und Industrie, sondern der unwiderrufliche Tod eines Menschen und sein Verschwinden aus der Welt.

Das könnte das letzte Wort des Gedichts sein. Aber es gibt ein allerletztes: ein „Horizont“ der „wie Feuer raucht“. Ist das eine Antwort auf Ophelias ewigen Tod? Ein Protest gegen den Skandal ihres Sterbens und Vergehens?

*

Der Strom trägt weit sie fort

I

Im Haar ein Nest von jungen Wasserratten,
Und die beringten Hände auf der Flut
Wie Flossen, also treibt sie durch den Schatten
Des großen Urwalds, der im Wasser ruht.

Die letzte Sonne, die im Dunkel irrt,
Versenkt sich tief in ihres Hirnes Schrein.
Warum sie starb? Warum sie so allein
Im Wasser treibt, das Farn und Kraut verwirrt?

Im dichten Röhricht steht der Wind. Er scheucht
Wie eine Hand die Fledermäuse auf.
Mit dunklem Fittich, von dem Wasser feucht
Stehn sie wie Rauch im dunklen Wasserlauf,

Wie Nachtgewölk. Ein langer, weißer Aal
Schlüpft über ihre Brust. Ein Glühwurm scheint
Auf ihrer Stirn. Und eine Weide weint
Das Laub auf sie und ihre stumme Qual.

II

Korn. Saaten. Und des Mittags roter Schweiß.
Der Felder gelbe Winde schlafen still.
Sie kommt, ein Vogel, der entschlafen will.
Der Schwäne Fittich überdacht sie weiß.

Die blauen Lider schatten sanft herab.
Und bei der Sensen blanken Melodien
Träumt sie von eines Kusses Karmoisin
Den ewigen Traum in ihrem ewigen Grab.

Vorbei, vorbei. Wo an das Ufer dröhnt
Der Schall der Städte. Wo durch Dämme zwingt

Der weiße Strom. Der Widerhall erklingt
Mit weitem Echo. Wo herunter tönt

Hall voller Straßen. Glocken und Geläut.
Maschinenkreischen. Kampf. Wo westlich droht
In blinde Scheiben dumpfes Abendrot,
In dem ein Kran mit Riesenarmen dräut,

Mit schwarzer Stirn, ein mächtiger Tyrann,
Ein Moloch, drum die schwarzen Knechte knien.
Last schwerer Brücken, die darüber ziehn
Wie Ketten auf dem Strom, und harter Bann.

Unsichtbar schwimmt sie in der Flut Geleit.
Doch wo sie treibt, jagt weit den
Menschenschwarm
Mit großem Fittich auf ein dunkler Harm,
Der schattet über beide Ufer breit.

Vorbei, vorbei. Da sich dem Dunkel weiht
Der westlich hohe Tag des Sommers spät,
Wo in dem Dunkelgrün der Wiesen steht
Des fernen Abends zarte Müdigkeit.

Der Strom trägt weit sie fort, die untertaucht,
Durch manchen Winters trauervollen Port.
Die Zeit hinab. Durch Ewigkeiten fort,
Davon der Horizont wie Feuer raucht.

Georg Heym: Ophelia (1910)

Kaiserwahn

Anfang 1914, wenige Monate vor dem Ersten Weltkrieg, veröffentlichte Heinrich Mann seinen Roman *Der Untertan.* Es ist ein umgekehrter Erziehungsroman – gewissermaßen eine Parodie auf denselben. Nicht das Heranreifen zur entfalteten und verantwortlichen Persönlichkeit schildert der Text. Sondern die Entwicklung zum fiesen Schleimer, dessen buckelnde Unterwürfigkeit und blinde Verherrlichung von Macht alle menschlichen Qualitäten verdrängt.

Diederich Heßling ist ein weiches Kind. Er braucht Mutterliebe. Aber er versteht es auch, Streit zwischen den Eltern zu schüren, indem er die Mutter beim Vater anschwärzt. Der stürzt auf der Treppe, und Diederich freut sich. In der Schule schmückt er zum Geburtstag des Klassenlehrers dessen Rohrstock, mit dem er selbst geprügelt wurde. Die Ähnlichkeit zwischen Heßling und „häßlich" bedeutet was. Diederich hat einen häßlichen Charakter. Er ist ein schäbiger Kerl.

Die Musterung erlebt Heßling als armes Würstchen. Kein Vergleich mit dem kecken Felix Krull in dem Roman von Heinrich Manns Bruder Thomas. Vor den versammelten Militärärzten spielt Felix Komödie und macht die Herren lächerlich. Als Rekrut erleidet Heßling eine Verletzung am Fuß und schafft es, vom Militärdienst befreit zu werden. Das ist eine Episode, die Heinrich Mann zum Teil wörtlich dem Bericht seines Bruders über dessen Ausbildung in der Infanterie des Königreichs Bayern entnommen hat. Thomas ließ seine Beziehungen spielen und wurde nach zweieinhalb

Monaten wegen „Untauglichkeit“ nach Hause geschickt.

Die große Sache in Diederichs Leben ist der Kaiser. Ihn verehrt er, für ihn würde er sterben. Als Wilhelm II. an Massen von jubelnden Menschen vorbei durchs Brandenburger Tor reitet, stürmt Diederich ihm nach. Er gerät auf einen Reitweg im Tiergarten. Blind vor Begeisterung stolpert er und stürzt in eine Schlammpfütze. Der Kaiser sieht das und lacht. Im Verlauf der Handlung kommt Heßling immer näher an den Kaiser heran. Auf seiner Hochzeitsreise läuft er in Rom der Kutsche des Monarchen nach und hält Wache vor seiner Residenz.

Um seinem Kaiser gleich zu sein, läßt Diederich seinen Bart zur „deutschen Mannestracht“ umgestalten. Die Spitzen der Lippenbehaarung steil nach oben. Wie sein Kaiser betrachtet er sich bei einer Rede vor der Belegschaft seiner Papierfabrik als Betriebsherr „von Gottes Gnaden“. Er will seine Arbeiter und Angestellten zu herrlichen Zeiten führen. So hatte auch Wilhelm gesprochen.

Heinrich Mann zeichnet einen Menschen, den es wohl millionenfach in Deutschland gab. Zu seiner Zeit, davor und danach. Und es gibt keinen Zweifel, daß Untertanen von der Art Heßlings einige Jahrzehnte später nicht mehr dem Kaiser, sondern einem neuen Anführer nachliefen. Viele, die mit ihm marschierten, trugen auch seinen Bart. Und er wollte Deutschland ebenfalls zu ungeahnter Größe emporführen und führte es in eine Katastrophe von ungeahnten Ausmaßen. Gehorsam halfen die neuen Untertanen ihm dabei.

Im *Untertan* werden Menschen und Dinge ins Lächerliche gezerrt. Der Text ist eine Karikatur. Aber um 1900 gab es in Deutschland nicht nur den macht- und prunkversessenen Kaiser Wilhelm, der markige Sprüche von sich gab und eine konservative politische Klasse um sich versammelte. Es gabe auch Liberale und Demokraten. Kritische Journalisten spotteten in der satirischen Zeitschrift *Simplicissimus* über Kaiser, Kirche und Militär. Die Sozialdemokraten errangen bei der Reichstagswahl 1890 die Mehrheit. Politisch bewußte Arbeiter schlossen sich in Gewerkschaften zusammen. Sie wollten nicht mitmachen beim Kaiserwahn und stellten die minderwertigen Verhältnisse in Frage. In *Der Unteran* sind es die Gegenfiguren zu Heßling und Gegenbilder zum verklemmten Untertanengeist. Der Rechtsanwalt Buck und dessen Vater; der Maschinenmeister Fischer, der protestierende und von einem Soldaten erschossene Arbeiter Karl. Aber alle scheitern, sind zu schwach oder zu opportunistisch, um den schlechten Verhältnissen zu trotzen.

Am Ende darf Heßling ein Denkmal zu Ehren des Reichsgründers Wilhelm I. einweihen. Aber die Natur greift störend ein. Ein Unwetter mit Blitzen, Donner und sintflutartigem Regen stoppt Heßlings vaterländische Rede. Die Pferde scheuen, Tribünen und Zelte stürzen zusammen, losgerissene Fahnen treiben durch die Luft. Das Fest wird zum Chaos. Diederich sucht Schutz unter dem Rednerpult. Der kaiserliche Mummenschanz bricht in sich zusammen. Es ist ein „Umsturz der Macht“ mit Hilfe der Natur. Ein Bild für eine Umwälzung der wirklichen Verhältnisse, wie sie Heinrich Mann vorschwebte – und sich später ereignete.

Biertrinker

Diederich war Konkneipant geworden.

Und für diesen Posten fühlte er sich bestimmt. Er sah sich in einen großen Kreis von Menschen versetzt, deren keiner ihm etwas tat oder etwas anderes von ihm verlangte, als daß er trinke. Voll Dankbarkeit und Wohlwollen erhob er gegen jeden, der ihn dazu anregte, sein Glas. Das Trinken und Nichttrinken, das Sitzen, Stehen, Sprechen oder Singen hing meistens nicht von ihm selbst ab. Alles ward laut kommandiert, und wenn man es richtig befolgte, lebte man mit sich und der Welt in Frieden. Als Diederich beim Salamander zum ersten Male nicht nachklappte, lächelte er in die Runde, beinahe verschämt durch die eigene Vollkommenheit!

Und das war noch nichts gegen seine Sicherheit im Gesang.

Diederich hatte in der Schule zu den besten Sängern gehört und schon in seinem ersten Liederheft die Seitenzahlen auswendig gewußt, wo jedes Lied zu finden war. Jetzt brauchte er in das Kommersbuch, das auf großen Nägeln in der Lache von Bier lag, nur den Finger zu schieben und traf vor allen anderen die Nummer, die gesungen werden sollte. Oft hing er den ganzen Abend mit Ehrerbietung am Munde des Präses: ob vielleicht sein Lieblingsstück darankäme. Dann dröhnte er tapfer: „Sie wissen den Teufel, was Freiheit heißt“, hörte neben sich den dicken Delitzsch brummen und fühlte sich wohlig geborgen in dem Halbdunkel des niedrigen altdeutschen Lokals, mit den Mützen an der Wand, angesichts des Kranzes geöffneter Münder, die alle dasselbe tranken und sangen, bei dem Geruch des

Bieres und der Körper, die es in der Wärme wieder ausschwitzten. Ihm war, wenn es spät ward, als schwitze er mit ihnen allen aus demselben Körper. Er war untergegangen in der Korporation, die für ihn dachte und wollte. Und er war ein Mann, durfte sich selbst hochachten und hatte eine Ehre, weil er dazu gehörte!

Das Bier! Der Alkohol! Da saß man und konnte immer noch mehr davon haben, das Bier war nicht wie kokette Weiber, sondern treu und gemütlich. Beim Bier brauchte man nicht zu handeln, nichts zu wollen und zu erreichen, wie bei den Weibern. Alles kam von selbst. Man schluckte: und da hatte man es schon zu etwas gebracht, fühlte sich auf die Höhen des Lebens befördert und war ein freier Mann, innerlich frei. Das Lokal hätte von Polizisten umstellt sein dürfen: das Bier, das man schluckte, verwandelte sich in innere Freiheit. Und man hatte sein Examen so gut wie bestanden. Man war „fertig", war Doktor! Man füllte im bürgerlichen Leben eine Stellung aus, war reich und von Wichtigkeit: Chef einer mächtigen Fabrik von Ansichtskarten oder Toilettenpapier. Was man mit seiner Lebensarbeit schuf, war in tausend Händen. Man breitete sich, vom Biertisch her, über die Welt aus, ahnte große Zusammenhänge, ward eins mit dem Weltgeist. Ja, das Bier erhob einen so sehr über das Selbst, daß man Gott fand!

Gern hätte er es jahrelang so weitergetrieben. Aber die Neuteutonen ließen ihn nicht. Fast vom ersten Tage an hatten sie ihm den moralischen und materiellen Wert einer völligen Zugehörigkeit zur Verbindung geschildert; allmählich aber gingen sie immer unverblümter darauf aus, ihn zu keilen. Vergebens berief sich Diederich auf seine anerkannte Stellung als Konkneipant, in die er sich eingelebt habe und die ihn befriedige. Sie entgegneten, daß der Zweck des studentischen Zusammenschlusses, nämlich die Erziehung zur Mannhaftigkeit und zum Idealismus, durch das Kneipen allein, soviel es auch beitrage, noch nicht ganz erfüllt werde. Diederich zitterte; nur zu gut erkannte er, worauf dieses hinauslief. Er sollte pauken! Schon immer hatte es ihn unheimlich angeweht, wenn sie mit ihren Stöcken in der Luft ihm die Schläge vorgeführt hatten, die sie einander beigebracht haben wollten; oder wenn einer von ihnen eine schwarze Mütze um den Kopf hatte und nach Jodoform roch. Jetzt dachte er gepreßt:

„Warum bin ich dabeigeblieben und Konkneipant geworden! Nun muß ich ran."

Er mußte.

Drückeberger

Arg verkatert stand er tags darauf, inmitten anderer junger Leute, die alle, wie er selbst, ganz nackt ausgezogen waren, vor dem Stabsarzt. Dieser Herr sah angewidert über all das männliche Fleisch hin, das ihm unterbreitet war; an Diederichs Bauch aber ward sein Blick höhnisch. Sofort grinsten alle ringsum, und Diederich blieb nichts übrig, als auch seinerseits die Augen auf seinen Bauch zu senken, der errötet war. Der Stabsarzt hatte seinen vollen Ernst zurück. Einem, der nicht so scharf hörte, wie es Vorschrift war, erging es schlecht, denn man kannte die Simulanten! Ein anderer, der noch dazu Levysohn hieß, bekam die Lehre: „Wenn Sie mich wieder mal hier belästigen, dann waschen Sie sich wenigstens!“ Bei Diederich hieß es:

„Ihnen wollen wir das Fett schon wegkurieren. Vier Wochen Dienst, und ich garantiere Ihnen, daß Sie aussehen wie ein Christenmensch.“

Damit war er angenommen. Die Ausgemusterten fuhren so schnell in ihre Kleider als brenne die Kaserne.

Beim Dienst im Gelände hat Diederich Schmerzen im Fuß. Er simuliert eine ernsthafte Verletzung. Dank dem Eingreifen eines Korpsbruders wird er vorzeitig entlassen.

Vier Wochen lang blieb er zu Hause. ... Wenn er zum Essen ging, sah er sich um, ob ein Bekannter ihn bemerkte. Endlich mußte er sich den Neuteutonen wohl zeigen. Er trat herausfordernd auf. „Wer von euch noch nicht dabei war, hat keine Ahnung. Ich sage euch, da sieht man die Welt von einem anderen Standpunkt. Ich wäre überhaupt dabeigeblieben, meine Vorgesetzten rieten es mir, ich sei hervorragend qualifiziert. Na, und da – “

Er starrte schmerzlich vor sich hin.

„Das Unglück mit dem Gaul. Das kommt davon, wenn man ein zu guter Soldat ist. Der Hauptmann läßt einen in seinem Dogcart fahren, damit der Gaul mal bewegt wird, und da ist das Unglück passiert. Natürlich habe ich den Fuß nicht geschont und zu früh wieder Dienst gemacht. Die Sache verschlimmerte sich erheblich, der Stabsarzt gab mir anheim, für jede Eventualität meine Angehörigen zu benachrichtigen.“

Dies sagte er knapp und männlich.

„Da hättet ihr nun den Hauptmann sehen sollen. Täglich kam er selbst, nach den größten Märschen, mit bestaubter Uniform, wie er war. So was gibt es auch nur beim Militär. Wir sind in den bösen Tagen wahre Kameraden geworden. Hier die Zigarre ist noch von ihm. Und als er mir dann eingestehen mußte, der Stabsarzt wolle mich fortschicken, ich kann euch versichern, das war einer der Augenblicke im Leben, die man nicht vergißt. Der Hauptmann und ich, wir kriegten beide gleichzeitig feuchte Augen.“

Alle waren erschüttert. Diederich sah tapfer um sich.

„Na, jetzt soll man sich also wieder in das bürgerliche Leben hineinfinden. Prost.“

Heinrich Mann: Der Untertan (1914)

Sie ham uns den Ferdinand erschlagen

Die Schriftstellerin Grete Reiner hat den weltberühmten Roman *Dobrý voják Švejk* des Tschechen Jaroslav Hašek ins Prager Deutsch zur Zeit der Donaumonarchie übersetzt.

Die Figuren „böhmakeln". Wie das klingt, wissen wir vom Kino oder Fernsehen. Aber manche Besonderheit entdecken wir auch beim Lesen. Da heißt es *Scheusäler* statt „Scheusale" oder *herich* für „wie ich gehört habe", ich *möcht* für ich „würde", *Schlamastik* für „Schlamassel". Für den hochdeutschen Leser sind diese Abweichungen vom herrschenden Sprachgebrauch eine Quelle des Vergnügens. Für die Menschen in Prag, die 1914 wie Schwejk gesprochen haben, war diese Art von Deutsch *richtig*.

Der brave Soldat Schwejk ist ein Schelmenroman. Ein einfacher Mensch, der Prager Hundehändler Josef Schwejk, überlebt den Ersten Weltkrieg dank Freundlichkeit, hintersinnigem Witz und nur scheinbar folgsamem Betragen, das in Wirklichkeit ständige Auflehnung ist. Sein Verhalten entlarvt die liebenswürdig-gutmütige Welt des österreichischen Kaiserreichs als falsche Idylle. Kriegshetze, Untertanengeist, Unterdrückung der Tschechen durch eine dünkelhafte deutsch-österreichische Führungsschicht, unmenschlicher Militärdienst mit Erniedrigungen und Quälereien, die Schrecken an der Front: das ist die Welt, in der Schwejk sich durchschlägt.

Der erste der beiden Textauszüge stuft die Ermordung des österreichischen Thronfolgers Franz Ferdinand in Sarajevo zum belanglosen Ereignis herab. Schwejk redet über alle möglichen nebensächlichen Dinge, nur nicht über die Katastrophe, von der Österreich und seine Nachbarländer heimgesucht sind. Die andere Episode ist ein Musterbeispiel für entlarvende Ironie. Jemand sagt etwas, aber das Gegenteil des Gesagten kommt beim Leser oder Hörer an. Dafür sorgen die wirklichen Zustände, die sich gegen die beschönigende Beschreibung durchsetzen. Schwejk schildert die vermeintlichen Vorzüge der Irrenanstalt und verweist – ungewollt oder in listiger Absicht – doch nur auf ihre Mißstände. Die Freiheit, die er schildert, sind die Zwänge, unter denen Leute stehen, die ihren Verstand verloren haben.

*

Was für einen Ferdinand, Frau Müller?

„Also sie ham uns den Ferdinand erschlagen“, sagte die Bedienerin zu Herrn Schwejk, der vor Jahren den Militärdienst quittiert hatte, nachdem er von der militärärztlichen Kommission endgültig für blöd erklärt worden war, und der sich nun durch den Verkauf von Hunden, häßlichen, schlechtrassigen Scheusälern, ernährte, deren Stammbäume er fälschte.

Neben dieser Beschäftigung war er vom Rheumatismus heimgesucht und rieb sich gerade die Knie mit Opodeldok ein.

„Was für einen Ferdinand, Frau Müller?“ fragte Schwejk, ohne aufzuhören, sich die Knie zu massieren. „Ich kenn zwei Ferdinande. Einen, der is Diener beim Drogisten Pruscha und hat dort mal aus Versehn eine Flasche mit irgendeiner Haartinktur ausgetrunken, und dann kenn ich noch den Ferdinand Kokoschka, der was den Hundedreck sammelt. Um beide is kein Schad."

„Aber gnä' Herr, den Herrn Erzherzog Ferdinand, den aus Konopischt, den dicken frommen."

„Jesus Maria", schrie Schwejk auf. „Das ist aber gelungen. Und wo is ihm denn das passiert, dem Herrn Erzherzog?"

„In Sarajewo ham sie ihn mit einem Revolver niedergeschossen, gnä' Herr. Er ist dort mit seiner Erzherzogin im Automobil gefahren."

„Da schau her, im Automobil, Frau Müller, ja, so ein Herr kann sich das erlauben und denkt gar nicht dran, wie so eine Fahrt im Automobil unglücklich ausgehn kann. Und noch dazu in Sarajewo, das is in Bosnien, Frau Müller. Das ham sicher die Türken gemacht. Wir hätten ihnen halt dieses Bosnien und Herzegowina nicht nehmen solln. No also, Frau Müller. Der Herr Erzherzog ruht also schon in Gottes Schoß. Hat er sich lang geplagt?"

„Der Herr Erzherzog war gleich weg, gnä' Herr, Sie wissen ja, so ein Revolver is kein Spaß. Unlängst hat auch ein Herr bei uns in Nusle mit einem Revolver gespielt und die ganze Familie erschossen, mitsamt dem Hausmeister, der nachschaun gekommen is, wer dort im dritten Stock schießt."

„Mancher Revolver geht nicht los, Frau Müller, wenn Sie sich aufn Kopf stelln. Solche Systeme gibts viel. Aber auf den Herrn Erzherzog ham sie sich gewiß was Besseres gekauft, und ich möcht wetten, Frau Müller, daß sich der Mann, der das getan hat, dazu schön angezogen hat. Nämlich auf einen Herrn Erzherzog schießen, is eine sehr schwere Arbeit. Das is nicht so, wie wenn ein Wilddieb auf einen Förster schießt. Da handelt sichs darum, wie man an ihn herankommt, auf so einen Herrn kann man nicht in Hadern kommen. Da müssen Sie im Zylinder kommen, damit Sie nicht ein Polizist schon vorher abfaßt."

„Es waren ihrer herich mehr, gnä' Herr."

„No, das versteht sich doch von selbst, Frau Müller", sagte Schwejk, seine Kniemassage beendend. „Wenn Sie einen Erzherzog oder den Kaiser erschlagen wollten, möchten Sie sich sicher auch mit jemandem beraten. Mehr Leute haben mehr Verstand. Der eine rät das, der andere wieder was anderes, und so wird das Schwerste leicht vollbracht, wies in unserer Volkshymne heißt. Die Hauptsache is, den Moment abpassen, wenn so ein hoher Herr vorübergeht. Wie zum Beispiel, wenn Sie sich noch an den Herrn Luccheni erinnern, der was unsre selige Elisabeth mit der Feile erstochen hat. Er is mit ihr spazierengegangen. Dann traun Sie noch jemandem. Seit der Zeit geht keine Kaiserin mehr spazieren. Und dasselbe Schicksal wartet noch auf viele Leute. Sie wern sehn, Frau Müller, daß auch noch der Zar und die Zarin an die Reihe kommen und, was Gott verhüten mög, auch unser Kaiser, wenn sie schon mit seinem Onkel angefangen ham. Er hat viele Feinde, der alte Herr. Noch mehr als der Ferdinand. Wies da unlängs ein Herr im Wirtshaus gesagt hat, daß eine Zeit kommen wird, wo die Kaiser einer nach dem andern abdampfen wern und wo sie nicht einmal die Staatsanwaltschaft herausreißen wird. Dann hat er die Zeche nicht bezahlen können, und der Wirt hat ihn hopnehmen lassen müssen. Und er hat ihm eine Watschen hinuntergehaut und dem

Wachmann zwei. Dann ham sie ihn in der Gemeindetruhe abgeführt, damit er zu sich kommt. Ja, Frau Müller, heutzutag geschehn Dinge! Das is wieder ein Verlust für Österreich. Wie ich noch beim Militär war, hat dort ein Infanterist einen Hauptmann erschossen. Er hat seine Flinte geladen und is in die Kanzlei gegangen. Dort hat man ihm gesagt, daß er dort nichts zu suchen hat, aber er is fort drauf bestanden, daß er mit dem Herrn Hauptmann sprechen muß. Der Hauptmann is hinausgegangen und hat ihm gleich einen Kasernarrest aufgebrummt. Er hat die Flinte genommen und hat ihn direkt ins Herz getroffen. Die Kugel is dem Herrn Hauptmann durch den Rücken hinausgefahren und hat noch in der Kanzlei Schaden angerichtet. Sie hat eine Flasche Tinte zerschlagen, und die hat die Amtsakten begossen."

„Und was is mit dem Soldaten geschehn?" fragte nach einer Weile Frau Müller, während Schwejk sich ankleidete. „Er hat sich an den Hosenträgern aufgehängt", sagte Schwejk, seinen harten Hut putzend. „Und die Hosenträger waren nicht mal sein. Die hat er sich vom Profosen ausgeborgt, weil ihm herich die Hosen rutschen. Hätt er warten solln, bis sie ihn erschießen? Das wissen Sie, Frau Müller, in so einer Situation geht einem der Kopf herum wie ein Mühlrad."

Hübsch wars dort

Wenn Schwejk später sein Leben im Irrenhaus schilderte, geschah dies unter ungewöhnlichen Lobpreisungen: „Ich weiß wirklich nicht, warum die Narren sich ärgern, wenn man sie dort einsperrt. Man kann dort nackt auf der Erde kriechen, heulen wie ein Schakal, toben und beißen. Wenn man das irgendwo auf der Promenade machen möcht, möchten die Leute sich wundern, aber dort is es selbstverständlich! Dort gibts so eine Freiheit, wie sich sie nicht mal die Sozialisten träumen lassen. Man kann sich dort sogar für den Herrgott oder für die Jungfrau Maria ausgeben, oder für den Papst, oder für den König von England, oder für Seine Majestät den Kaiser, oder für den heiligen Wenzel.

Und ein Herr war dort schwanger und hat jeden zur Taufe eingeladen. Dann hats dort viel eingesperrte Schachspieler, Politiker, Fischer und krummgeschlossener Skauts, Markensammler und Amateurphotographen. Einer war dort wegen alten Töpfen, die er Aschenurnen genannt hat. Einer war dort in der Zwangsjacke, damit er nicht ausrechnen kann, wann die Welt untergehn wird. Auch mit paar Professoren bin ich dort zusammengekommen. Einer von ihnen is mir fort nachgegangen und hat mir erklärt, daß die Wiege der Zigeuner im Riesengebirge gestanden is, und der andre hat mir auseinandergesetzt, daß im Innern der Erdkugel noch ein viel größerer Erdball is als obenauf.

Jeder hat dort sprechen können, was er gewollt hat und was ihm grad auf die Zunge gekommen is, wie wenn er im Parlament wär. Manchmal haben sie sich dort Märchen erzählt und sich bißl gerauft, wenns mit einer Prinzessin sehr schlecht ausgefalln is. Am wildesten war ein Herr, der sich für den 16. Band von Ottos Lexikon ausgegeben hat; der hat jeden gebeten, er soll ihn aufmachen und das Schlagwort ‚Kartonagennäherin' finden, sonst is er herich verloren. Er hat sich erst beruhigt, wenn sie ihm die Zwangsjacke gegeben ham. Dann war er ruhig, weil er geglaubt hat, daß er in die Buchbinderpresse gekommen is, und hat gebeten, daß sie ihn modern beschneiden solln.

Überhaupt hat man dort gelebt wie im Paradies. Man kann dort schrein, brüllen, singen, weinen, meckern, stöhnen, springen, beten, Purzelbäume schlagen, auf allen vieren gehn, auf einem Fuß hüpfen, im Kreis laufen, tanzen, den ganzen Tag auf der Erde kauern und auf den Wanden kriechen. Niemand kommt zu euch und sagt: ‚Das dürfen Sie nicht machen, Herr, das paßt sich nicht, Sie könnten sich schämen, Sie wolln ein gebildeter Mensch sein?‘

Wahr is aber, daß auch ganz stille Narren dort sind. So war dort ein gebildeter Erfinder, der hat sich fort in der Nase gebohrt und hat nur einmal im Tag gesagt: ‚Soeben hab ich die Elektrizität erfunden'.

Wie ich sag, sehr hübsch wars dort, und die paar Tage, die ich im Irrenhaus verbracht hab, gehören zu den schönsten meines Lebens.“

Jaroslav Hašek: Die Abenteuer des braven Soldaten Schwejk. Aus dem Tschechischen von Grete Reiner (1926)

Worterklärungen

Konopischt: Schloß in Mittelböhmen, Wohnsitz des österreichischen Thronfolgers und seiner Familie

Hadern: Lumpen

Profos: Mitglied der Militärjustiz, sorgt für den Vollzug der verhängten Strafe

Montur: Uniform

krummgeschlossen: Bestrafung eines Soldaten. Die rechte Hand wird mit dem linken Fuß zusammengekettet und umgekehrt, auch jede Hand mit dem Fuß der anderen Körperseite oder Hände und Füße hinter dem Rücken. Diese Strafe wurde in der preußischen, österreichischen und bayrischen Armee angewandt

Skauts: engl. *Scouts*, Pfadfinder

Am Alex 1928

In *Berlin Alexanderplatz* erzählt Alfred Döblin die Bemühungen des entlassenen Sträflings Franz Biberkopf, in ein anständiges Leben zurückzufinden. Er schafft es nicht. Am Ende steht Biberkopf da, hat bei einem Einbruch einen Arm verloren und muß erkennen: Er hat Fehler gemacht; er muß sich mit anderen zusammentun. Und er darf nicht alles auf das Schicksal schieben, auch wenn das stärker ist als er.

Das Schicksal, das ist auch Berlin. Dieses Berlin und das quirlige Gewimmel der Hauptstadt an einer ihrer markantesten Stellen: Straßenbahnen, heftige Geräusche; Verkehrspolizisten, die die Menschenströme lenken; Bautätigkeiten und Winterkälte. Alles ist Eindruck, Außenseite, brodelnde, kaum geordnete Wirklichkeit, die den Betrachter überfällt. Das Durcheinander wird gedeutet und gedanklich bewältigt mit Hilfe platter Kommentare, nichtssagender Sprüche und einiger scharfsichtiger Bemerkungen.

Ist das schönes Deutsch? Eine europäische Hauptstadt im ersten Drittel des 20. Jahrhunderts ist nicht dasselbe wie ein Dorf in der Schweiz oder eine k.u.k.-Garnison in Galizien. Großstädte gab es auch zur Zeit Fontanes. Aber dessen Berlin mit Kutschen und baumbestandenen Alleen hat sich gewandelt zur lauten Metropole. Da braucht es eine andere Schreibe: Tempo, Dynamik, Wucht und Umgangssprache.

Der Leser wird dieses Stück Berlin mit dem, was es heute ist, vergleichen. Er mag sich auch vorstellen, wie der Alex aussähe, hätten die Bomben und Granaten des Krieges nicht einen Trümmerhaufen aus diesem berühmtesten Platz Berlins gemacht.

*

Frühmorgens kommen die Arbeiter angegondelt

Rumm rumm wuchtet vor Aschinger auf dem Alex die Dampframme. Sie ist ein Stock hoch, und die Schienen haut sie wie nichts in den Boden.

Eisige Luft. Februar. Die Menschen gehen in Mänteln. Wer einen Pelz hat, trägt ihn, wer keinen hat, trägt keinen. Die Weiber haben dünne Strümpfe und müssen frieren, aber es sieht hübsch aus. Die Penner haben sich vor der Kälte verkrochen. Wenn es warm ist, stecken sie wieder ihre Nasen raus. Inzwischen süffeln sie die doppelte Ration Schnaps, aber was für welchen, man möchte nicht als Leiche drin schwimmen.

Rumm rumm haut die Dampframme auf dem Alexanderplatz.

Viele Menschen haben Zeit und gucken sich an, wie die Ramme haut. Ein Mann oben zieht immer eine Kette, dann pafft es oben, und ratz hat die Stange eins auf den Kopf. Da stehen die Männer und Frauen und besonders die Jungens und freuen sich, wie das geschmiert geht: ratz kriegt die Stange eins auf den Kopf. Nachher ist sie klein wie eine Fingerspitze, dann kriegt sie aber noch immer eins, da kann sie machen, was sie will. Zuletzt ist sie weg, Donnerwetter, die haben sie fein eingepökelt, man zieht befriedigt ab.

Neben dem Prälaten ist Platz, da stehen die Wagen mit Bananen. Gebt euren Kindern Bananen. Die Banane ist die sauberste Frucht, da sie durch ihre

Schale vor Insekten, Würmern sowie Bazillen geschützt ist. Ausgenommen sind solche Insekten, Würmer und Bazillen, die durch die Schale kommen. Geheimrat Czerny hat mit Nachdruck darauf hingewiesen, daß selbst Kinder in den ersten Lebensjahren. Ich zerschlage alles, du zerschlägst alles, er zerschlägt alles.

Wind gibt es massenhaft am Alex, an der Ecke von Tietz zieht es lausig. Es gibt Wind, der pustet zwischen die Häuser rein und auf die Baugruben. Man möchte sich in die Kneipen verstecken, aber wer kann das, das bläst durch die Hosentaschen, da merkst du, es geht was vor, es wird nicht gefackelt, man muß lustig sein bei dem Wetter. Frühmorgens kommen die Arbeiter angegondelt, von Reinickendorf, Neukölln, Weißensee. Kalt oder nicht kalt, Wind oder nicht Wind, Kaffeekanne her, pack die Stullen ein, wir müssen schuften, oben sitzen die Drohnen, die schlafen in ihren Federbetten und saugen uns aus.

Aschinger hat ein großes Café und Restaurant. Wer keinen Bauch hat, kann einen kriegen, wer einen hat, kann ihn beliebig vergrößern. Die Natur läßt sich nicht betrügen! Wer glaubt, aus entwertetem Weißmehl hergestellte Brote und Backwaren durch künstliche Zusätze verbessern zu können, der täuscht sich und die Verbraucher. Die Natur hat ihre Lebensgesetze und rächt jeden Mißbrauch. Der erschütterte Gesundheitszustand fast aller Kulturvölker der Gegenwart hat seine Ursache im Genuß entwerteter und künstlich verfeinerter Nahrung. Feine Wurstwaren auch außer dem Haus, Leberwurst und Blutwurst billig.

Das hochinteressante „Magazin“ statt eine Mark bloß 20 Pfennig, die „Ehe“ hochinteressant und pikant bloß 20 Pfennig. Der Ausrufer pafft Zigaretten, hat eine Schiffermütze auf, ich schlage alles.

Von Osten her, Weißensee, Lichtenberg. Friedrichshain, Frankfurter Allee, türmen die gelben Elektrischen auf den Platz durch die Landsberger Straße. Die 65 kommt vom Zentralviehhof, der Große Ring Weddingplatz, Luisenplatz, die 76 Hundekehle über Hubertusallee. An der Ecke Landsberger Straße haben sie Friedrich Hahn, ehemals Kaufhaus, ausverkauft, leergemacht und werden es zu den Vätern versammeln. Da halten die Elektrischen und der Autobus 19 Turmstraße. Wo Jürgens war, das Papiergeschäft, haben sie das Haus abgerissen und dafür einen Bauzaun hingesetzt. Da sitzt ein alter Mann mit einer Arztwaage: Kontrollieren Sie Ihr Gewicht, 5 Pfennig. O liebe Brüder und Schwestern, die ihr über den Alex wimmelt, gönnt euch diesen Augenblick, seht durch die Lücke neben der Arztwaage auf diesen Schuttplatz, wo einmal Jürgens florierte, und da steht noch das Kaufhaus Hahn, leergemacht, ausgeräumt und ausgeweidet, daß nur die roten Fetzen noch an den Schaufenstern kleben.

Ein Müllhaufen liegt vor uns. Von Erde bist du gekommen, zu Erde sollst du wieder werden, wir haben gebauet ein herrliches Haus, nun geht hier kein Mensch weder rein noch raus. So ist kaputt Rom, Babylon, Ninive, Hannibal, Cäsar, alles kaputt, oh, denkt daran. Erstens habe ich dazu zu bemerken, daß man diese Städte jetzt wieder ausgräbt, wie die Abbildungen in der letzten Sonntagsausgabe zeigen, und zweitens haben diese Städte ihren Zweck erfüllt, und man kann nun wieder neue Städte bauen. Du jammerst doch nicht über deine alten Hosen, wenn sie morsch und kaputt sind, du kaufst neue, davon lebt die Welt.

Die Schupo beherrscht gewaltig den Platz. Sie steht in mehreren Exemplaren auf dem Platz. Jedes Exemplar wirft Kennerblicke nach zwei Seiten und weiß die Verkehrsregeln auswendig. Es hat Wickelgamaschen an den Beinen, ein Gummiknüppel hängt ihm an der rechten Seite, die Arme schwenkt es horizontal von Westen nach Osten, da kann Norden, Süden nicht weiter, und der Osten ergießt sich nach Westen, der Westen nach Osten. Dann schaltet sich das Exemplar selbsttätig um: Der Norden ergießt sich nach Süden, der Süden nach Norden. Scharf ist der Schupo auf Taille gearbeitet. Auf seinen erfolgten Ruck laufen über den Platz in Richtung Königstraße etwa 30 private Personen.

Was in ihnen vorgeht, wer kann das ermitteln, ein ungeheures Kapitel. Und wenn man es täte, wem diente es? Neue Bücher? Schon die alten gehen nicht, und im Jahre 27 ist der Buchabsatz gegen 26 um soundsoviel Prozent zurückgegangen. Man nehme die Leute einfach als Privatpersonen, die 20 Pfennig bezahlt haben, mit Ausnahme der Besitzer von Monatskarten und der Schüler, die nur 10 Pfennig zahlen, und da fahren sie nun mit ihrem Gewicht von einem Zentner bis zwei Zentner, in ihren Kleidern, mit Taschen, Paketen, Schlüsseln, Hüten, künstlichen Gebissen, Bruchbändern über den Alexanderplatz und bewahren die geheimnisvollen langen Zettel auf, auf denen steht: Linie 12 Siemensstraße DA, Gotzkowskistraße C, B, Oranienburger Tor C, C Kottbuser Tor A, geheimnisvolle Zeichen, wer kann es raten, wer kann es nennen und wer bekennen, drei Worte nenn ich dir inhaltschwer, und die Zettel sind viermal an bestimmten Stellen gelocht, und auf den Zetteln steht in demselben Deutsch, mit dem die Bibel geschrieben ist und das Bürgerliche Gesetzbuch: Gültig zur Erreichung des Reiseziels auf kürzestem Wege, keine Gewähr für die Anschlußbahn. Sie lesen Zeitungen verschiedener Richtungen, bewahren vermittels ihres Ohrlabyrinths das Gleichgewicht, nehmen Sauerstoff auf, dösen sich an, haben Schmerzen, haben keine Schmerzen, denken, denken nicht, sind glücklich, sind unglücklich, sind weder glücklich noch unglücklich.

Alfred Döblin: Berlin Alexanderplatz (1929)

Melancholie und Marschmusik

Carl Joseph von Trotta ist der Enkel eines berühmten Soldaten. Der rettete bei der Schlacht von Solferino seinem Kaiser das Leben. Franzosen und Italiener kämpften 1859 gegen die Österreicher. Es war das blutige Ereignis, nach welchem der Schweizer Geschäftsmann Henri Dunant das Rote Kreuz gründete. Der Leutnant Trotta wirft sich vor seinen Monarchen, als dieser den gegnerischen Schützen ein gar zu bequemes Ziel bietet. Eine Kugel zerschmettert seine Schulter. Er wird zum Hauptmann befördert und geadelt.

Der junge Carl Joseph hat nichts mehr von der kernigen Härte seiner bäuerlichen Vorfahren. Ohne Lust wird er Soldat, Offizier bei der Kavallerie, dann bei den Fußtruppen. Im Ersten Weltkrieg befehligt er in Galizien einen Zug von Jägern, die vor den Angriffen der Russen zurückweichen. Er wird tödlich getroffen, als er für seine Männer Wasser holt. Sein Mund steht offen, seine Zunge färbt sich blau. Die beiden leinenen Eimer entleeren sich auf ihn. Es war ein Gang im Dienste seiner Soldaten – eine heldische Tat, der seines Großvaters ähnlich, war es nicht.

In ungesunden familiären Verhältnissen und ohne Liebe wächst Carl Joseph heran. Für die fehlende Mutter springen junge und ältere Frauen ein. Katharina Luise Slama, die Frau eines Wachtmeisters, hilft dem Jüngling aus der Uniform und verführt ihn. Die junge Kathi stirbt bei der Geburt ihres Kindes. Die reife Valerie von Taußig, die reich geheiratet hat und deren Ehemann sich in regelmäßigen Abständen in die Obhut von Irrenärzten begibt, wird ihm von Kameraden zugeführt. Sie liebt Carl Joseph wie ein Kind und vergißt ihr Alter in seinen Armen.

Mit *Radetzkymarsch* hat Joseph Roth eine melancholische Satire auf eine ihrer einstigen Kraft beraubte Welt vorgelegt. Der Erzähler untergräbt die schönen Illusionen, die vom Glanz der letzten Jahre der k. u. k. Monarchie genährt werden. Beim Festumzug an Fronleichnam wehen die Roßhaarbüsche der Leibgarde, trippeln die Lipizzaner und strahlt das helle Weiß des Rocks, den der Kaiser zum Kirchgang trägt. Aber über dem Doppeladler der Monarchie erscheint das Bild der Geier, die aller Herrlichkeit ein Ende bereiten. Spott auf alles, was überholt und dem Untergang geweiht ist, ist greifbar auf jeder Seite. Und doch breitet sich eine weiche, wehmütige Stimmung über die Gestalten, Ereignisse und Zustände. Der Leser versteht: Da geht etwas zugrunde und muß zugrunde gehen. Aber auch die schönen und zarten Dinge dieser niedergehenden Welt: Liebe, weiche Gefühle, verfeinerte Umgangsformen, eine jahrhundertealte Kultur ... geraten in den Strom der Veränderungen und werden vernichtet.

Nicht melancholische und müde Weichheit ist der Radetzkymarsch. Der 1845 von dem älteren Johann Strauss komponierte und nach dem Feldmarschall Graf Radetzky benannte Marsch löst erhebende Gefühle aus. Als Knabe dachte Carl Joseph, es stürbe sich leicht zur „holden Hurtigkeit“ dieser Musik: Das Blut rinnt auf das Gold der Trompeten und die schwarzen Pauken. So ist es dann auch. Als Carl Joseph sich beim Wasserholen über den Brunnen beugt, glaubt er Trommeln und Tschinellen zu hören. Seine Sinne schwinden, aber in seiner Vorstellung erlebt er noch einmal den Radetzkymarsch – kraftvolle und mitreißende Begleitmusik seines kläglichen Sterbens.

*

Der Kren darf die Würze nicht in der Milch verlieren

Nach der Suppe trug man den garnierten Tafelspitz auf, das Sonntagsgericht des Alten seit unzähligen Jahren. Die wohlgefällige Betrachtung, die er dieser Speise widmete, nahm längere Zeit in Anspruch als die halbe Mahlzeit. Das Auge des Bezirkshauptmanns liebkoste zuerst den zarten Speckrand, der das kolossale Stück Fleisch umsäumte, dann die einzelnen Tellerchen, auf denen die Gemüse gebettet waren, die violett schimmernden Rüben, den sattgrünen, ernsten Spinat, den fröhlichen, hellen Salat, das herbe Weiß des Meerrettichs, das tadellose Oval der jungen Kartoffeln, die in schmelzender Butter schwammen und an zierliche Spielzeuge erinnerten. Er unterhielt merkwürdige Beziehungen zum Essen. Es war, als äße er die wichtigsten Stücke mit den Augen, sein Schönheitssinn verzehrte vor allem den Gehalt der Speisen, gewissermaßen ihr Seelisches; der schale Rest, der dann in Mund und Gaumen gelangte, war langweilig und mußte unverzüglich verschlungen werden. Die schöne Ansicht der Speisen bereitete dem Alten ebensoviel Vergnügen wie ihre einfache Beschaffenheit. Denn er hielt auf ein sogenanntes „bürgerliches“ Essen: ein Tribut, den er seinem Geschmack ebenso wie seiner Gesinnung zollte; diese nämlich nannte er eine spartanische. Mit einem glücklichen Geschick vereinigte er also die Sättigung seiner Lust mit den

Forderungen der Pflicht. Er war ein Spartaner. Aber er war ein Österreicher.

Er machte sich nun, wie jeden Sonntag, daran, den Spitz zu zerschneiden. Er stieß die Manschetten in die Ärmel, hob beide Hände, und indem er Messer und Gabel an das Fleisch ansetzte, begann er, zu Fräulein Hirschwitz gewendet: „Sehn Sie, meine Gnädige, es genügt nicht, beim Fleischer ein zartes Stück zu verlangen. Man muß darauf achten, in welcher Art es geschnitten ist; ich meine, Querschnitt oder Längsschnitt. Die Fleischer verstehen heutzutage ihr Handwerk nicht mehr. Das feinste Fleisch ist verdorben, nur durch einen falschen Schnitt. Sehen Sie her, Gnädigste! Ich kann es kaum noch retten. Es zerfällt in Fasern; es zerflattert geradezu. Als Ganzes kann man's wohl ‚mürbe' nennen. Aber die einzelnen Stückchen werden zäh sein, wie Sie bald selbst sehen werden. Was aber die Beilagen, wie es die Reichsdeutschen nennen, betrifft, so wünsche ich ein anderes Mal den Kren, genannt Meerrettich, etwas trockener. Er darf die Würze nicht in der Milch verlieren. Auch muß er knapp, bevor er zum Tisch kommt, angerichtet werden. Zu lange naß gewesen. Ein Fehler!"

Er sprach das nasale österreichische Deutsch der höheren Beamten und des kleinen Adels. Es erinnerte ein wenig an ferne Gitarren in der Nacht, auch an die letzten, zarten Schwingungen verhallender Glocken, es war eine sanfte, aber auch präzise Sprache, zärtlich und boshaft zugleich. Sie paßte zu dem mageren, knochigen Angesicht des Sprechers, zu seiner schmalen, gebogenen Nase, in der die klingenden, etwas wehmütigen Konsonanten zu liegen schienen. Nase und Mund waren, wenn der Bezirkshauptmann sprach, eher eine Art von Blasinstrumenten als Gesichtspartien. Außer den Lippen bewegte sich nichts in diesem Gesicht. Der dunkle Backenbart, den Herr von Trotta als ein Uniformstück trug, als ein Abzeichen, das seine Zugehörigkeit zu der Dienerschaft Franz Josephs des Ersten beweisen sollte, als einen Beweis seiner dynastischen Gesinnung; auch dieser Backenbart blieb reglos, wenn Herr von Trotta und Sipolje sprach. Aufrecht saß er am Tisch, als hielte er Zügel in den harten Händen.

Die kleinen Gewitter des Bluts

Frau von Taußig stand am Nordbahnhof auf dem Perron. Vor zwanzig Jahren – sie dachte, es sei vor fünfzehn gewesen, denn sie hatte so lange ihr Alter verleugnet, daß sie selbst überzeugt war, ihre Jahre hielten im Lauf inne und gingen nicht zu Ende –, vor zwanzig Jahren hatte sie ebenfalls am Nordbahnhof auf einen Leutnant gewartet, der allerdings ein Kavallerist gewesen war. Sie stieg auf den Perron wie in ein Verjüngungsbad. Sie tauchte unter im beizenden Dunst der Steinkohle, in den Pfiffen und Dämpfen der rangierenden Lokomotiven, im dichten Geklingel der Signale. Sie trug einen kurzen Reiseschleier. Sie hatte die Vorstellung, daß er vor fünfzehn Jahren Mode gewesen war. ... Sie liebte es, auf dem Bahnsteig zu warten. Sie liebte den Augenblick, in dem der Zug einrollte und sie das lächerliche, dunkelgrüne Hütchen Trottas am Kupeefenster erblickte und sein geliebtes, ratloses, junges Angesicht. Denn sie machte Carl Joseph jünger, ebenso wie sich selbst, dümmer und ratloser, ebenso wie sich selbst. In dem Augenblick, in dem der Leutnant das unterste Trittbrett verließ, öffneten sich ihre Arme, wie vor zwanzig beziehungsweise fünfzehn Jahren. Und aus dem Gesicht, das sie heute trug, tauchte jenes frühe rosige und faltenlose auf, ... ein Mädchengesicht, süß und etwas erhitzt. ... Und wie vor zwanzig, beziehungsweise fünfzehn Jahren fuhr sie mit dem Leutnant in eines jener kleinen Hotels, in denen die verborgene Liebe blühte, in bezahlten, armseligen, quietschenden und köstlichen Bettparadiesen. Die Spaziergänge begannen. Die Liebesviertelstunden im jungen Grün des Wienerwalds, die kleinen, plötzlichen Gewitter des Bluts. Die Abende im rötlichen Dämmer der Opernlogen, hinter vorgezogenen Vorhängen; die Liebkosungen, wohlbekannte und dennoch überraschende Liebkosungen, auf die das erfahrene und dennoch ahnungslose Fleisch wartete. Das Ohr kannte die oft gehörte Musik, aber die Augen kannten nur Bruchteile der Szenen. Denn Frau von Taußig hatte immer hinter vorgezogenem Vorhang oder mit geschlossenen Augen in der Oper gesessen. Die Zärtlichkeiten, von der Musik geboren und den Händen des Mannes gleichsam vom Orchester anvertraut, kamen kühl und heiß zugleich zur Haut, längst vertraute und ewig junge Schwestern, Geschenke, die man oft schon empfangen, aber wieder vergessen und lediglich vorgeträumt zu haben glaubte. Die stillen Restaurants öffneten sich. Die stillen Nachtmähler begannen, in Winkeln, in denen der Wein, den man trank, auch zu wachsen schien, gereift von der Liebe, die hier im Dunkeln ewig leuchtete. Der Abschied kam, eine letzte Umarmung am Nachmittag, von der ständig tickenden Mahnung der Taschenuhr, die auf dem Nachttisch lag, begleitet und schon erfüllt von der

Freude auf das nächste Wiedersehen; und die Hast, mit der man zum Zug drängte; und der allerletzte Kuß auf dem Trittbrett und die im letzten Augenblick aufgegebene Hoffnung, doch noch mitzufahren.

Müde, aber erfüllt von allen Süßigkeiten der Welt und der Liebe, kam Leutnant Trotta wieder in seinem Garnisonsort an. Sein Diener Onufrij hielt die Uniform schon bereit.

Joseph Roth: Radetzkymarsch (1932)

Eine ähnliche Fassung in: *Edelsteine.* 107 Sternstunden der deutschen Sprache. Paderborn IFB Verlag Deutsche Sprache, 2014

Arm, fromm und Kindsfüß

Die Sippe der Heimraths hat schwierige Zeiten überlebt. Im Dreißigjährigen Krieg verwüsten die Schweden ihr Dorf am Starnberger See und schleifen den halbtoten Pfarrer mit dem Pferd durch den Wald. Als die Pest wütet, bleiben sie verschont. Die Männer ziehen mit Napoleon nach Rußland oder werden im Deutsch-Französischen Krieg verwundet. In Schloß Berg herrscht der verehrte König Ludwig, der viel Geld an seinen Günstling Richard Wagner verschwendet, überflüssige Prunkbauten errichtet und am Ende dem Wahnsinn verfällt. In Berlin regiert der verhaßte Kanzler Bismarck und jagt die Katholiken.

Das ist die Welt, in die hinein Therese Heimrath im Jahr 1857 geboren wird. Als Bauernmädchen lernt sie Arbeit und Mangel kennen. Zustände, in die sie sich ohne Murren schickt. Sie ist genügsam, fromm und demütig. Ob sie den Bäcker heiratet, der um sie wirbt, mag die Mutter entscheiden, und der Pfarrer soll es gutheißen. Sie gebiert 11 Kinder, von denen 8 überleben. Von den Schwangerschaften, nach denen Resl zu früh wieder aufsteht, bekommt sie Krampfadergeschwüre, offene Beine, die in Bayern „Kindsfüß“ heißen. Sie bestreicht die Wunden mit Butter und belegt sie mit einem Huflattichblatt. Dann wickelt sie einen Verband um die schmerzenden Beine und arbeitet weiter.

Ein Schein von Liebe verklärt die Beziehung zwischen der Mutter und ihrem Sohn Oskar. Aber in der Familie herrschen Streit und Grobheit. Als der ältere Bruder auf Oskar mit einer Lederpeitsche einschlägt, verläßt dieser blutend und für immer das Elternhaus. In München führt er ein

Lotterleben zwischen Künstlern und politischen Schwärmern.

Er schreibt Gedichte und stellt sich geisteskrank, um im Ersten Weltkrieg dem Militärdienst zu entgehen. Er schildert die Kämpfe zwischen den revolutionären Kräften in München, Berlin und den Provinzen und den Anhängern der alten Mächte. Die Eisner-Republik, der Kapp-Putsch, die Aufstände in Hamburg und Sachsen, die Inflation, der Marsch auf die Feldherrnhalle ... Der Leser bewundert den Weitblick, die klugen Einsichten – und den Gerechtigkeitssinn –, mit denen Oskar Maria Graf die politischen Zustände nach dem Untergang des Kaiserreichs beschreibt.

Zwischen den großen Ereignissen kehrt Oskar ins dörfliche Leben und zur Mutter zurück. Sie labt ihn mit Schmalznudeln und Milchkaffee oder stellt ihm „Schweinssülze" auf den Tisch. Beide reden über die großen Veränderungen in Deutschland, die der Mutter fremd bleiben. Die Lebenswelt der Resl Graf, geborene Heimrath, ist die Landschaft am Starnberger See, sind die hergebrachten Bräuche, die Trachten, die heimischen Speisen. Doch das Buch greift über die heimatlichen Verhältnisse hinaus. Und wird zur spannend zu lesenden Chronik der geschichtlichen und politischen Umwälzungen in Deutschland während der Lebensspanne der Mutter.

So ist *Das Leben meiner Mutter* kein treuherziger Heimatroman. Auch keine Lausbubengeschichte, wie Ludwig Thoma sie erzählt. Und Graf schreibt hochdeutsch, Bayrisch kommt nur in den Dialogen vor.

Als die Nazis die Herrschaft ergreifen, flieht Oskar Maria Graf aus Deutschland. Den letzten Brief der Mutter empfängt er in Wien: *Lieber Oskar!? Wann werden wir uns wiedersehen? Kannst du uns nie schreiben? ... Herzlichen Grus von deiner Mutter. Auf Wiedersehen!* Bald darauf, weit weg von zu Hause, in Tiflis, erfährt er, daß sie gestorben ist.

*

Veränderungen zu Hause

Und es wurde Winter, Frühling und Sommer.

Um jene Zeit bekam ich von Emma, die noch immer gleicherweise an mir hing, einen langen Brief.

Er lautete:

„Lieber Oskar!

Was machst Du denn immer und wie geht es Dir? Ich denke oft an Dich, und unsere Mutter grämt sich sehr viel, weil sie so wenig von Dir hört! ‚Wo ist denn der Oskar? Was macht er denn?', fragt sie oft und oft. Du weißt nicht, wie sie an Dir hängt.

Weißt Du noch, wie wir in meiner Nähkammer zusammengesessen sind und haben geschwärmt und Luftschlösser gebaut? „Schön ist die Jugend – sie kommt nicht mehr zurück", heißt es in dem Lied, das wir immer gesungen haben. Das hat der Vater besonders gern gehabt. Erinnerst Du Dich noch, wie wir am Samstag nach Feierabend, wenn wir die ganzen Schuhe geputzt haben, hinten am Backofen immer gesungen haben? Ja, da war's noch anders. Jetzt ist das wirklich alles vorüber.

Der Maxl heiratet, und ich und Theres haben im ersten Stock vom Kramerhaus drei Zimmer gemietet. Da ziehn wir mit unserer Mutter nach der

Hochzeit hin. Die Theres macht ihre Damenhüte, ich schneidere, und Mutter führt uns den Haushalt. Wir haben keine Angst, daß es nicht geht, und es wird sicher recht gemütlich bei uns. Da mußt Du uns dann öfter besuchen, wenn Du kannst.

Du kannst Dir denken, wie schwer es unserer Mutter wird, vom Haus wegzugehen. Sie ist jetzt immer sehr zerstreut und nervös, geht oft mitten am Tag nach Aufkirchen auf das Grab und sieht sehr gealtert aus. Schreib ihr doch einmal, das freut sie.

Über den Maxl muß ich Dir viel erzählen.

Beim Mittagessen hat er einmal eine Torte vom Laden herübergeholt und hat ganz sonderbar freundlich gesagt: ‚Die könnt ihr essen. Da, Mutter, das gehört dir!' Wir waren verdutzt und haben ihn verwundert angeschaut, denn so was ist doch noch nie vorgekommen. Er hat ein verlegenes Gesicht gekriegt, lacht dumm und platzt auf einmal heraus: ‚Ja, Mutter, ich will jetzt heiraten.' Dabei hat er sich kaum getraut, uns ins Gesicht zu schauen. Er hat noch immer so gegrinst, und vielleicht hat er gemeint, er erzählt uns was Neues, aber wir haben doch schon lang alles gewußt. Trotzdem hat die Mutter gefragt: ‚So? Heiraten willst du? Was hast du denn für eine Hochzeiterin, daß du sie uns noch gar nicht gezeigt hast?' Da hat der Maxl von der Moni zu erzählen angefangen und gesagt, sie kriegt eine Kuh, einen schönen Batzen Geld und eine gute Aussteuer mit. Wir aber haben doch längst gewußt, daß er die Möbel für sie auf seine Kosten in der Stadt bestellt hat und haben uns nur unseren Teil gedacht.

‚Wie viel Geld kriegt sie denn, deine Moni?', fragt die Mutter. Du kennst ja, wie sie fragt, wenn sie was nicht ganz glaubt. ‚Dreitausend Mark', sagt der Maxl, und wieder haben wir uns gedacht, vielleicht ist das auch von ihm.

Er hat wieder was von der Torte abgeschnitten. Wir haben immer darauf gewartet, ob er denn nicht etwas von seinen zwei ledigen Kinder verrät und von dem Laden, den er der Moni in München eingerichtet hat.

So, jetzt weißt Du es, lieber Oskar. Wir sind schon beim Gericht in Starnberg gewesen. Theres und ich lassen unser Geld auf dem Haus liegen, und der Maxl muß uns jährlich Zinsen zahlen. Dem Eugen und dem Lenz haben wir geschrieben, daß sie noch etwas bekommen, und jetzt – Du wirst staunen – kommt der Eugen aus Amerika! Das ist natürlich dem Maxl gar nicht recht. Wir aber freuen uns darauf.

Ich bin leider immer ein bißl krank, und wenn ich einmal gestorben bin, liebes Brüderlein, dann schaust Du alle Kästen und Schachteln durch, da versteck' ich mein übriges Geld, und das gehört dann Dir. Und dann denkst Du an mich. Aber ich mach' bloß Spaß, lieber Oskar, so gefährlich ist's mit meinem Kranksein nicht. Unsere Mutter aber sagt immer, man kann nie was wissen, auf einmal geht's dahin.

Recht viele herzliche Grüße von Deiner – Emma."

Niewiederbringbares

Die ungewohnte Arbeit in der Mühle war schrecklich. Den ganzen Tag mußte ich zwei Zentner schwere Säcke schleppen und bekam einen blutigen Rücken davon. Das Hemd klebte daran, abends riß ich es herab, und Hautfetzen gingen dabei mit. In der Nacht konnte ich nur auf dem Bauche liegend schlafen, und meine Logisfrau beschwerte sich, daß ich ihr Bett verschmutze.

Verschwitzt und müde, brummig und verzagt, kam ich an einem dieser Spätsommer-Abende einmal von der Arbeit heim auf mein kleines Zimmer. Da lag ein Zettel: „Wir kommen in einer Stunde – Eugen, Mutter."

Ich war erstaunt. War denn etwas Besonderes vorgefallen? Ihr ganzes Leben lang fuhr doch Mutter nur notgedrungen und äußerst selten in die Stadt! Verschreckt und verloren kam sie sich stets in dieser lauten Fremde vor, und man mußte sie wie ein hilfloses Kind über die verkehrsreichen Straßen führen. Meistens blieb sie nur ein paar wirre Stunden lang und wartete nie den Abend ab. Und jetzt war es schon stichdunkel auf den Straßen?!

Unruhig ging ich auf und ab. Auf die sonderbarsten Gedanken kam ich: Ob Mutter vielleicht schwer krank war? Aber nein, das hätte der Eugen doch auf den Zettel geschrieben.

Plötzlich stieß mir ins Hirn: Oder hat er vielleicht gar im Sinn, die Mutter nach Amerika mitzunehmen?

Das ließ mich nicht los. Ich empfand etwas Unaussprechliches, und wenn ich genau nachdachte, mußte ich mich eigentlich über mich wundern: Immer hatte ich geglaubt, die Boheme und die wirren anarchistischen Lehren hätten mich endgültig von allem, was von früher her noch mit mir zusammenhing, losgelöst. ... Ich glaubte allen Ernstes, durch sie könnte ich mich ohne Skrupel von all meinen schäbigen Lumpereien, von den „Bürgerlichkeiten“ und von der Familie lossprechen.

Und jetzt auf einmal spürte ich fast körperlich, daß ich etwas Niewiederbringbares verlieren würde, wenn meine Mutter weg wäre, ganz und für immer weg. Warum das so sei, war mir nicht klar. Es erfüllte mich nur mit einer Art unbegreiflicher Bangnis. Ich konnte nicht weiterdenken. Ich rauchte eine Zigarette um die andere, überflog mechanisch die Zeitung, schlug ein Buch auf und las etliche Sätze und wußte nicht, was ich gelesen hatte. Meine Kumpane aus der Boheme kamen mir in den Sinn, wie sie herabmindernd lächeln würden, wenn ich ihnen so etwas erzählte. „Bürgerliche Sentimentalität! Ganghoferei! Mutterkomplex!“ und dergleichen. Und während ich so hin- und herschwankte und dachte, versuchte ich mich zu einer Auseinandersetzung mit Eugen zu waffnen.

Bald darauf läutete es. Heftig schlug mein Herz, als sie zur Tür hereinkamen. Im schwachen Lichtschein sah ich Mutters eingefallenes Gesicht unter dem schattenden, schwarzen, unpassenden, häßlichen Strohhut, den ihr die Theres gemacht hatte. Es sah einem Totenkopf ähnlich. Unwillkürlich nahm ich ihr den Hut ab. Ganz dünn war ihr Haar geworden, durchzogen, von silbergrauen Strähnen. Schweißperlen glänzten auf ihrer eckigen, faltigen Stirn. Sehr tief lagen ihre kleinen Augen hinter den noch schärfer hervortretenden Backenknochen, und ein vergrämter Zug spielte um ihren schmallippigen Mund; er verwich auch nicht, als sie jetzt ihr karges Lächeln lächelte.

„Herrgott, jetzt siehst du wenigstens wieder aus wie immer, Mutter!“ sagte ich, „wer hat dir denn diesen schauderhaften Hut gemacht? ... Setz dich doch hin!“

„]a, gell, g'fallt er dir auch nicht. ... Die Resl will mir ja immer so ein modernes Zeug aufsetzen“, fing sie an, und setzte sich in das altmodische Plüschsofa, „und sie geben keine Ruh' mehr mit meinen offnen Füßen! Zu einem neuen Doktor hat mich der Eugen hinschleppen müssen! Durchaus zuheilen wollen sie meine Löcher, aber das ist doch nichts! ... Und was das wieder kostet!“ Sie war wie immer. Mir wurde leichter.

Es wird Krieg

Berlin war bewegt wie jede große Weltstadt. Ihre unbarmherzige Tüchtigkeit machte jeden hart, aber auch großzügig. Schön war an diesem steinernen Meer fast nichts. Bismarck, der alte und der jetzige Kaiser hatten allem Baulichen ihren barbarischen Geschmack aufgedrängt. Das beachteten aber nur wenige. Die Menschen hatten keine Zeit. Das Tempo ergriff alle: die Bankherren, die Politiker, die rasch in die Höhe gekommenen Geschäftsleute und die Geistigen. Das breite Volk arbeitete mehr als anderswo. Es war auch geweckter als anderswo, besaß einen kalten, scharfen Witz und wenig Sinn für das Geruhig-Idyllische.

Die Hotels waren voll. In den bekannten Lokalen drängte sich mittags und abends die elegante internationale Welt. Ein breiter, draufgängerischer und etwas lärmender Wohlstand schien vorzuherrschen. Die Armut war weit weg in die düsteren Außenviertel geschoben. Die Theater brachten kühne Uraufführungen, die Kunstausstellungen erregten mitunter ein Aufsehen, das an Skandal grenzte, und weitberühmt waren die Varietés. Stündlich warfen die riesigen Zeitungshäuser ihre unzähligen Blätter in die Menge. Dicke Schlagzeilen lockten den Leser an, und – kaum aufgenommen – wurde die letzte Neuigkeit schon wieder von einer allerletzten überholt. Tag und Nacht durchzog ein unaufhörliches Stampfen, Lärmen und Brausen die menschenüberfüllten Straßen und Plätze. –

Der Winter verging. Im Tiergarten prangte mit einem Male das frische Grün wieder, die dicken Fliederbüsche der Anlagen blühten und dufteten berauschend, und dann kamen die Rosen. Die meisten besseren Familien waren bereits aufs Land gefahren. Kochend heiß brütete die sommerliche Sonne über der Stadt.

„Attentat auf Erzherzog Franz Ferdinand! ... Attentat! Attentat!“ plärrten die flinken Zeitungsjungen und schwangen sich mit ihren Mittagsblättern in die Straßenbahnen. Die Menschen reckten die Köpfe, auf der Straße liefen Hunderte und rotteten sich zu dichten Haufen.

„Kriegsgrund! Serbien will den Krieg! Rußland bietet Rückendeckung!“, trompeteten schon wieder neu auftauchende Zeitungsverkäufer, die jagend dahinliefen. Die Zeitungen wurden ihnen aus der Hand gerissen. Der ganze Verkehr kam augenblicks ins Stocken. Die Schutzleute drängten die wogenden Menschenmassen auf die Trottoire. Der weiterfließende Strom wuchs und wuchs. Geschäftig und erregt redeten die Leute ineinander. Es hörte sich an wie ein unablässiges, blecherndes Geräusch. Der riesige Potsdamer Platz war auf einmal schwarz von Menschen.

Und so ging es nun Tag für Tag und Nacht für Nacht, einen ganzen Monat lang.

Oskar Maria Graf: Das Leben meiner Mutter (1946)

Unter der Decke bürgerlicher Untadeligkeit

Er hatte sich schon einmal an Goethe herangemacht und *Lotte in Weimar* geschrieben. Das ist die Geschichte der gealterten Charlotte Buff, einstige Angebetete des jungen Goethe und Vorbild für seine Lotte im *Werther*, die den greisen, etwas gelangweilten Geheimrat in Weimar besucht.

Der *Doktor Faustus* ist ein Text über den Verkauf der Seele an den Teufel, die Qualen und Freuden künstlerischer Hervorbringung, über Krankheit und Wahnsinn. Ein biederer Schulmann, der Gymnasialprofessor Dr. phil. Serenus Zeitblom, erzählt davon. In München gehört er zu den Gästen und Freunden des Kunstgeschichtlers Prof. Helmut Institoris und seiner Ehefrau Ines.

Zeitblom erzählt von weiblichem Ungemach an der Seite eines faden Ehemannes, von Ehebruch und Liebesleid. Von Verzweiflungstaten aus Eifersucht und Mord. Aus diesem Zeug sind berühmte Romane des 19. Jahrhunderts gemacht. Was Ines Rodde widerfährt, haben Emma Bovary, Anna Karenina oder Effi Briest schon einmal durchgemacht.

Die Figuren im *Doktor Faustus* haben spaßige Namen. Eine Gruppe von Musikern bildet das „Zapfenstößer-Orchester", ein Theaterintendant heißt „Exzellenz von Riedesel". Adrians Verehrerin „Meta Nackedey", die deutschtümelnden Studenten „Deutschlin" und „von Teutleben", der Instrumentenbauer und roh das Cello spielende „Konrad Knöterich"; „Rudi Schwerdtfeger", der talentierte, freilich mittelmäßige Geiger mit dem „kleinen Ton". … Das ist zarter, aber gnadenloser Spott.

Er ergießt sich über eine gesellschaftliche Elite, die unfähig ist, die in Deutschland heraufziehende Barbarei zu erkennen und ihr zu trotzen. Weit vor der Zeit liebäugeln Intellektuelle, Künstler und Geschäftsleute – naiv und zynisch zugleich – mit der Ideologie der Nazis. Deren Herrschaft wird kommen und damit der Zweite Weltkrieg und die Vernichtung Deutschlands.

Wo bleibt da der Fauststoff? Wo das Volksbuch von 1587, die *Historia von D. Johann Fausten*, wo Goethes Drama? Der Musiker Adrian Leverkühn schließt einen Vertag mit dem Teufel, der ihm für 24 Jahre gesteigerte künstlerische Schaffensfähigkeit garantiert. Zu den Bedingungen gehört, daß Adrian nicht lieben darf. Aber Adrian liebt Rudolf Schwerdtfeger und seinen Neffen Nepomuk Schneidewein. Beide müssen beseitigt werden. Ines erschießt Rudi in einer Münchener Straßenbahn. Nepomuk, das süße Kind „Echo“, stirbt unter entsetzlichen Qualen an einer Hirnhautentzündung.

Das Auftreten des Teufels, der mit Blut besiegelte Seelenverkauf, das Nachdenken über Sühne und Seelenheil sind unterschiedlich gedeutet worden. Der Pakt mit dem Teufel ist wohl zu lesen als der verzweifelte Versuch, in einer schwierigen geschichtlichen und gesellschaftlichen Lage großartige Kunst hervorzubringen. Aber Adrian erkennt am Ende, daß sein einzig der Kunst dienendes Bündnis mit dem Teufel – und seine Gleichgültigkeit gegenüber den politischen Katastrophen der Welt, in der er lebt – ein Irrweg und ein Frevel war. Dafür wird er bestraft.

*

Denn es kamen Kinder, und mit welcher Adrettheit, welcher zähen, fast möchte man sagen: heldenmütigen Verleugnung von Umständen, die dem Nobel-Bürgerlichen immer weniger Gunst gewährten, wurden gehegt und herangezogen – für eine Welt gleichsam, wie sie gewesen war, und nicht, wie sie werden wollte. Schon Ende 1915 beschenkte Ines ihren Gatten mit einem Töchterchen, Lukrezia genannt, gezeugt in gelb polierter Bettstatt unter gestutztem Himmel, nahe den symmetrisch aufgereihten Silbersachen auf der Glasplatte des Toilettentisches, und Ines erklärte sogleich, daß sie ein vollkommen erzogenes junges Mädchen, *une jeune fille accomplie*, wie sie sich in ihrem Karlsruher Französisch ausdrückte, aus ihr zu machen gedächte. Zwei Jahre später folgte ihr ein Zwillingspärchen, Mädchen wiederum, die in ebenso korrekter häuslicher Zeremonie, mit Schokolade, Portwein und Konfekt, aus silberner, mit Blumen bekränzter Schale auf den Namen Ännchen und Riekchen getauft wurden. Alle drei waren weiße, lieblich-verzärtelt lispelnde, um ihre Schleifenkleidchen besorgte, offenbar unter dem Druck des mütterlichen Tadellosigkeitswahnes stehende und auf traurige Art von sich eingenommene Schattenpflänzchen und Luxus-Geschöpfchen, die ihre frühen Tage in preziösen Körbchen mit Seidengardinen verbrachten und von einer Amme (denn Ines nährte sie nicht selbst; der Hausarzt hatte es ihr widerraten), einer noch ganz im bürgerlichen Pfingstochsenstil aufgeputzten Frau aus dem Volk, in niedrigen Schubwägelchen elegantester Konstruktion, auf Gummirädern unter den Lindenbäumen der Prinzregentenstraße spazierengefahren wurden. Später war es ein Fräulein, gelernte Kindergärtnerin, die sie betreute.

Das helle Zimmer, in dem sie aufwuchsen, wo ihre Bettchen standen und wo Ines sie besuchte, sobald die Ansprüche des Haushalts und die Sorge um ihre eigene Soigniertheit es erlaubten, war mit seinem die Wände umlaufenden Märchenfries, seinen ebenfalls märchenhaften Zwergmöbeln, dem bunten Linoleumbelag und der Welt von wohlgeordnetem Spielzeug, Teddybären, Roll-Lämmern, Hampelmännern, Käthe-Kruse-Puppen und Eisenbahnen auf den Wandborten, das Musterbild eines häuslichen Kinderparadieses, genau wie es im Buche steht.

Muß ich nun sagen oder wiederholen, daß es mit all dieser Richtigkeit keineswegs seine Richtigkeit hatte, daß sie auf Willelei, um nicht zu sagen: auf Lüge beruhte und nicht nur von außen mehr und mehr in Frage gestellt wurde, sondern für das schärfere, durch Teilnahme geschärfte Auge auch innerlich brüchig war und weder beglückt noch in der Seele geglaubt und auch nur wahrhaft gewollt wurde? Mir schien diese ganze Glückskorrektheit immer eine bewußte Verleugnung und Übertünchung des Problematischen; zu Inessens Leidenskult stand sie in sonderbarem Widerspruch, und meiner Meinung nach war die Frau zu klug, sich darüber zu täuschen, daß die idealische Bürgerhecke, zu der das Dasein ihrer Kinder zimperlich verklärte, der Ausdruck und die Überverbesserung der Tatsache war, daß sie sie nicht liebte, sondern die Früchte einer Verbindung in ihnen sah, die sie mit schlechtem weiblichen Gewissen eingegangen war, und in der sie unter fleischlichen Widerständen lebte.

Großer Gott, es war selbstverständlich keine berauschende Wonne für eine Frau, mit Helmut Institoris zu schlafen! So viel verstehe ich auch von weiblichen Träumen und Ansprüchen und war immer gezwungen, mir vorzustellen, daß Ines ihre Kinder rein pflichtmäßig duldend und sozusagen abgewandten Gesichtes von ihm empfangen hatte. Denn sie waren die seinen, daran ließ die Ähnlichkeit aller drei mit ihm keinen Zweifel, die diejenige mit der Mutter weit überwog, vielleicht weil deren seelische Teilnahme bei ihrer Erzeugung so gering gewesen war. Und überhaupt möchte ich der natürlichen Ehe des kleinen Herrn in keiner Weise zu nahe treten. Er war gewiß ein ganzer Mann, wenn auch in Männchengestalt, und durch ihn erfuhr Ines die Lust, – eine glücklose Lust, auf deren ärmlichem Boden ihre Leidenschaft wuchern konnte.

Unter der Decke bürgerlicher Untadeligkeit, nach deren Schutz sie doch so heimwehkränklich verlangt hatte, lebte Ines Institoris im Ehebruch mit einem der seelischen Konstitution und selbst dem Gehaben nach knabenhaften Frauenliebling, der ihr Zweifel und Kummer machte, wie sonst eine leichtfertige Frau dem ernstlich liebenden Manne Zweifel und Kummer macht, und in dessen Armen ihre von unlieber Ehe geweckten Sinne Genüge fanden. Sie lebte so jahrelang, von einem Zeitpunkt an, der, wenn ich recht sehe, nur wenige Monate nach ihrer Verehelichung lag, bis Ende des Jahrzehnts, und wenn sie dann nicht mehr so lebte, so darum, weil er, den sie aus allen Kräften zu halten gesucht hatte, sich ihr entzog. Sie war es, die, indem sie zugleich die exemplarische Hausfrau und Mutter abgab, das Verhältnis dirigierte, manipulierte und verschleierte, ein tägliches Kunststück und ein Doppelleben, das natürlich an ihren Nerven zehrte und zu ihrer höchsten Angst die prekäre Lieblichkeit ihrer Erscheinung bedrohte.

Ihr Gesicht war weiß wie ein Blatt Papier

Bald hatte ich von der oberen Türkenstraße her die Ludwigstraße erreicht und verfolgte die stille Monumental-Chaussee (seit Jahren freilich durchaus asphaltiert) auf ihrer linken Seite gegen das Siegestor. Der Abend war bedeckt und sehr mild, mein Wintermantel drückte mich auf die Dauer ein wenig, und an der Trambahn-Haltestelle Theresienstraße blieb ich stehen, um einen Wagen irgendeiner der nach Schwabing führenden Linien zu erwarten. Ich weiß nicht, weshalb es ungewöhnlich lange dauerte, bis einer kam. Stockungen, Verzögerungen im Verkehr kommen ja vor. Es war ein Wagen der Linie 10, mir ganz genehm, der sich endlich näherte. Noch sehe und höre ich ihn von der Feldherrnhalle her herankommen. Diese bayerisch-blauen Münchener Trambahnwagen sind ja sehr schwer gebaut und machen, liege es nun eben an dieser Schwere oder an besonderen Eigenschaften des Untergrundes, einen erheblichen Lärm. Elektrisches Feuer zuckte beständig unter den Rädern des Gefährtes und noch stärker oben an der Kontaktstange, von wo diese kalten Flammen zischend in ganzen Funkenschwärmen zerstoben.

Der Wagen hielt, und ich begab mich von der vorderen Plattform, wo ich einstieg, ins Innere. Gleich bei der Schiebetür, links von meinem Eintritt, fand ich einen freien Platz, den offenbar ein Aussteigender eben verlassen. Die Tram war vollbesetzt, es standen sogar bei der hinteren Tür zwei Herren im Gange und hielten sich an Riemen. Den Großteil der Fahrgäste mochten heimkehrende Konzertbesucher bilden. Unter ihnen, inmitten der Bank mir gegenüber, saß Schwerdtfeger, seinen Geigenkasten aufgestellt zwischen den Knien. Gewiß hatte er mich hereinkommen sehen, mied aber meinen Blick. Unterm Mantel trug er ein weißes Cachenez, das seine Frackschleife bedeckte, war aber nach seiner Gewohnheit ohne Hut. Er sah hübsch und jung aus mit seinem lockig aufstrebenden Blondhaar, die Gesichtsfarbe erhöht von getaner Arbeit, dergestalt, daß in dieser ehrenwerten Erhitzung die blauen Augen sogar ein wenig verschwollen wirkten. Auch das aber kleidete ihn, so gut wie die leicht aufgeworfenen Lippen, mit denen er so meisterlich zu pfeifen verstand.

Wir passierten die Universität, und eben stand der Schaffner in seinen Filzstiefeln vor mir, um meinen Zehner entgegenzunehmen und mir meinen Gradaus-Schein in die Hand zu schieben, als das Unglaubliche und, wie alles völlig Unerwartete, zunächst ganz Unverständliche geschah. Ein Schießen ging los im Wagcn, flachc, scharfc, schmetternde Dctonationen, eine nach der anderen, drei, vier, fünf, in wilder betäubender Schnelligkeit, und drüben sank Schwerdtfeger, seinen Geigenkasten zwischen den Händen, erst an die Schulter und dann in den Schoß der rechts neben ihm sitzenden Dame, die sich, wie auch die zu seiner Linken, entsetzt von ihm wegbog, während ein allgemeiner Tumult, mehr Flucht und kreischende Panik als geistesgegenwärtiges Einschreiten, den Wagen erfüllte und vorn der Wagenführer, Gott weiß, warum, in einem fort wie toll auf die Glocke trat, – mag sein, um einen Schutzmann herbeizurufen. Natürlich war keiner in Hörweite. Ein fast gefährliches Gedränge entwickelte sich in dem zum Stehen gekommenen Wagen, da manche Passagiere das Freie suchen wollten, andere von den Plattformen, neugierig oder tatenlustig, hereinstrebten. Die beiden Herren, die im Gang gestanden, hatten sich zusammen mit mir auf Ines geworfen – viel zu spät natürlich. Wir brauchten ihr den Revolver nicht zu entwinden; sie hatte ihn fallen lassen oder vielmehr von sich geworfen, und zwar in der Richtung ihres Opfers. Ihr Gesicht war weiß wie ein Blatt Papier, mit scharf umgrenzten hochroten Flecken auf den Wangenknochen. Sie hielt die Augen geschlossen und lächelte irr, mit gespitztem Munde.

Man hielt sie an den Armen, und ich stürzte hinüber zu Rudolf, den man auf der ganz leer gewordenen Bank ausgestreckt hatte.

Thomas Mann: Doktor Faustus (1947)

Eine ähnliche Fassung in: *Edelsteine.* 107 Sternstunden der deutschen Sprache. Paderborn IFB Verlag Deutsche Sprache, 2014

Quasi Rieks weiche Stelle

Robert Iswall bereitet eine Rede vor. Er soll sie zur feierlichen Schließung der Arbeiter-und-Bauern-Fakultät in Greifswald halten. Nach der Rückkehr aus polnischer Kriegsgefangenschaft ist der gelernte Elektriker in die Anstalt eingetreten. Mit ihm der Zimmermann Gerd Trullesand, der Klempner Karl-Heinz Riek und der Waldarbeiter Jakob Filter.

Alle vier beenden ihre Ausbildung mit hervorragenden Ergebnissen. Iswall studiert Germanistik und wird Journalist. Nach sieben Jahren Studium in Peking ist Trullesand Dozent der Sinologie an der Uni Leipzig. Filter sitzt als Hauptabteilungsleiter im Berliner Ministerium für Land- und Forstwirtschaft.

Riek, der Klügste der vier, betreibt in Hamburg die Kneipe „Totes Rennen“. Den glatten DDR-gerechten Lebensläufen steht die Republikflucht von Riek entgegen. Ein Stück DDR-Leben, aus dem der Autor eine stillschweigende Anklage an den Staat macht und an die sowjetische Militärregierung. Rieks Schwester Ida ist aus Liebeskummer in den Westen gegangen. Sie und ihr Freund Sascha, Hauptmann der Roten Armee, wurden gezwungen, ihr Verhältnis zu beenden. Nach vier Wochen Gefängnis und um der Schikane der Behörden zu entgehen, flieht Roberts Mutter nach Westberlin. Ihr Mann Nußbank hatte sie denunziert. Der Wechsel von Riek könnte ein Spionageauftrag sein. Kant sagt es nicht ausdrücklich, aber der Leser darf das vermuten. Sein Spitzname Quasi reimt auf Stasi. Und im Archiv fehlt die Akte über seine Flucht nach Westen.

Das ist natürlich nicht alles zum Thema Flucht in den Westen. Es gibt Aussparungen und Leerstellen in *Die Aula*. Menschen, die nach dem Bau der Berliner Mauer die Grenze zwischen Ost und West zu überwinden versuchten, wurden verwundet, erschossen oder ertranken in der Spree. Das geht nicht in Kants Erzählung ein. Auch die Verhältnisse in China werden nur gestreift, eine „Hungersnot" gerade mal beiläufig erwähnt. Der Leser weiß, daß mehrere Millionen Chinesen dabei starben. Die politische Führung hatte den Bauern die Ernte geraubt und im Tausch von der Sowjetunion Waffen erworben. Nichts davon bei Kant. Sozialistische Parteilichkeit des Autors? Oder schlichtweg zynisch?

Aber Kant kann auch anders. In einem Wortgefecht mit dem Mathelehrer Schicka besteht der Zimmermann Gerd Trullesand darauf, es sei besser, gute Häuser zu bauen als Atombomben. Da ist vom „denkenden Kopf und der hantierenden Hand" und der Nutzung wissenschaftlicher Ergebnisse die Rede. Von Einstein, Joliot-Curie und dem italienischen Kernforscher Enrico Fermi, die ihr Teil zur Entwicklung der Atombombe beitrugen. In der gereizten Diskussion tritt Schicka für eine von politischen und moralischen Rücksichten freie Wissenschaft ein. Trullesand für ein wissenschaftliches Tun und für jegliche menschliche Praxis, die den Menschen nicht aus den Augen verliert. Er hat das letzte Wort.

Am Ende des Textes aus *Die Aula* steht die Frage: „Was hat das mit Rieks weicher Stelle zu tun?" Es ist die Frage nach den Kräften, die das Leben des Menschen bestimmen: Politik, Gesellschaft und Staat – oder die diesen entzogenen privaten

Bestrebungen und die biologischen Vorgänge im Individuum. Der Arzt, der Rieks Erkrankung aufdeckt, hat militaristische Anwandlungen, und ihm fehlt die feste sozialistische Gesinnung. Aber für die Behandlung und Heilung von Karl-Heinz Riek ist das nicht wichtig. Daß ein begabter Student mit einem Stipendium an eine chinesische Universität geschickt wird, ist politisches Programm und geschieht im Namen sozialistischer Völkerfreundschaft. Aber hinter der Wahl des klugen Gerd Trullesand stehen auch mächtige private Gründe. Robert hat Trullesand vorgeschlagen. Er sieht in ihm einen Rivalen, der ihm die geliebte Freundin abspenstig machen könnte, und sorgt dafür, daß Trullesand Greifswald verläßt. Mit einer von den Funktionären ausgewählten Frau an seiner Seite. Aber Roberts Eifersucht ist unbegründet. Das private Motiv scheint damit noch mehr Gewicht zu bekommen.

Es gibt viele Gründe, den Roman *Die Aula* zu loben. Daß Kant entschlossen deutlich macht, wie sehr der Mensch und sein Handeln *auch* von individuellen, dem Staat und der Politik entzogenen Kräften bestimmt ist, ist einer. Und nicht der geringste.

Die Aula steckt voller Humor, quillt über an spaßigen Anekdoten, ist hinreißend geschrieben und überreich an Verweisen und Zitaten aus dem Schatz bürgerlicher Kultiviertheit. Ein namhafter Literaturkritiker hielt den Autor für einen „ganz großen Könner". Unbeschadet einer Reihe von fragwürdigen Handlungen als treuer Gefolgsmann der DDR bleibt Kant ein bedeutender Schriftsteller. An seinem 80. Geburtstag 2006 sagte er, er hoffe, daß er „jenseits von allem anderen Gut und Böse hin und wieder gesagt kriege: ‚... schreiben kannst du ganz ordentlich!'" Wir können dem nicht widersprechen. Die Einschränkungen haben wir genannt.

*

Einer wird schwach

Jakob ging als erster.

Die Assistentin sagte: „Geben Sie laut und deutlich Ihren Namen und Vornamen an und Ihren erlernten Beruf und auch das Geburtsdatum, das andere sagt Ihnen Herr Doktor!"

Jakob tastete sich vorsichtig zwischen das Gestänge, dann rief er laut, lauter, als sie es von ihm gewohnt waren: „Jakob Filter, Waldarbeiter, geboren neunzehnhundertachtundzwanzig, am vierten Juli."

„Independence Day", sagte der Arzt, „der vierte Juli ist der Tag der amerikanischen Unabhängigkeit; das habe ich noch in der Schule gelernt – kommen Sie mal rechts etwas näher ran –, ich weiß nicht, ob ihr das bei euch auch noch lernen werdet.

Waldarbeiter sind Sie? Das sieht man; mit Ihrer Lunge könnten Sie die ganze Unabhängigkeitserklärung in einem Atemzug verlesen. – O. B., Fräulein Hella, sehr o. B. – Der nächste Herr!"

„Schon da", sagte Trullesand, „Gerd Trullesand, Zimmermann, vierzehnter Juni neunzehnhundertdreißig, da weiß ich auch was zu."

„Luft anhalten", sagte der Arzt, „was denn?"

„Nichts mit Unabhängigkeit, andersrum. Am vierzehnten Juni neunzehnhundertvierzig marschierten die Faschisten in Paris ein."

„So, die Faschisten, an Ihrem zehnten Geburtstag also. Na ja, o. B., Fräulein Hella." ...

„Und der nächste!"

„Hier", rief Quasi. Er klappte mit den Hacken, als er sich hinter den Schirm stellte, und er diktierte rasch „Riek, Karl-Heinz, Klempner in einer Zuckerfabrik, geboren am zwoten zwoten neunzehnneunundzwanzig."

Der Arzt sagte: „Rühren" und „Die rechte Schulter höher!" und: „Jetzt die linke!" und: „Atmen Sie, so tief Sie können!" und nach einer Pause: „Fräulein Hella, bitte genau: >Pfenniggroßes Oberlappinfiltrat rechts, links frei, Senkung, zu morgen noch einmal bestellen.< Wie ist das mit Ihnen? Fühlen Sie sich schlapp? Nachtschweiß? Auswurf? Na, kommen Sie mal raus da, und dann erzählen Sie in Ruhe."

Quasi kam heraus. Er kam in dem Moment, da die Assistentin das Licht einschaltete. Er war mit einer exakten Wendung zwischen das Gestänge getreten, und jetzt fiel er mit einer exakten Bewegung heraus, und sein Körper schlug auf den Boden; dann krümmte er sich und blieb reglos liegen. Der Arzt streifte die Schürze ab, ganz langsam, wie es Robert schien, dann hob er Quasi auf und legte ihn auf ein Ledersofa.

„Das war wohl nicht eingeplant", sagte er dabei. „Hella, Glukose, und ihr Jungs, bringt mal seine Sachen. Ach, nun guckt nicht so, er stirbt euch schon nicht. ... So, jetzt eine Prise Traubenzucker in die Adern, und gleich wird er die Augen aufmachen und sagen: >Huch, wo bin ich?< Aber wahrscheinlicher ist, daß er nach der Uhrzeit fragt."

Aber Quasi fragte nicht nach der Zeit und auch nicht nach dem Raum.

Er sagte leise und fest: „So eine Scheiße!"

„Er lebt", sagte der Arzt, „bringen Sie ihn raus, und nach einer Weile bringen Sie ihn nach Hause. Er soll morgen um acht wieder herkommen. Sagen Sie ihm: >Punkt acht<, das wird ihn aufrecht halten."

Drei Samariter

Als sie die Klinik erreichten, waren alle schweigsam geworden.

Doktor Gropjuhn, der Röntgenarzt, bemerkte es sofort.

„Das möchte ich mir aber energisch verbeten haben, vier Leichenbittermienen auf einmal und auf fast nüchternen Magen, das geht zu weit. Das zeugt von wenig Vertrauen in meine ärztliche Kunst, in die ärztliche Kunst überhaupt.

Fräulein Hella, lassen Sie sich die Papiere von diesen Kerlen zeigen, hier ist Betrug im Gange, das können gar nicht die von gestern sein; gestern waren hier doch vier Baumausreißer, aber die hier, die reimen sich höchstens auf Baumausreißer."

„Immerhin", sagte Trullesand, „das war schließlich ein Schlag ins Kontor, Herr Doktor." Der Arzt legte einen Finger auf den Mund und sagte: „Pst, seien Sie mal still – hören Sie es kichern? Hören Sie dies trockene Händereiben? Das ist die Krankheit, die sich da so freut. Sie hat einen Volltreffer gelandet. Einen hat sie getroffen, und vier sind umgefallen. Wie hieß es doch so schön beim seligen Barras: Die moralische Wirkung ist eine ungeheure!

Ihr Affen! Wie sollen wir denn gegen die Krankheit ankommen, wenn ihr euch so erschrecken laßt. Paßt auf, dem Riek, dem schreiben wir jetzt ein paar Sachen auf, Extrabutter und ein Faß Leinöl, und dann schicken wir ihn zu Muttern. Da legt er sich vier Wochen hin, atmet schön frische Luft, und zu Weihnachten ist er wieder bei euch.

Quasi hörte ihm ruhig zu; er zuckte auch nicht, als ihm die Assistentin eine Kanüle in den Arm stach; nur der Ausdruck ‚komische Fakultät' schien ihn zu bewegen. Bevor er jedoch den Mund geöffnet hatte, sagte Robert: „Die Sache hat nur einen Haken: Wie Sie uns hier sehen, sind wir so eine Art Waisenhaus. Der da hat keine Eltern mehr und Karl-Heinz Riek auch nicht. Trullesand hat wenigstens noch ein paar Tanten mit Federbetten, aber Riek hat nichts dergleichen. Könnte er nicht bei uns bleiben?"

Der Arzt überlegte lange. „Könnte vielleicht schon", sagte er schließlich, „das hängt unter anderem von der Senkung ab. Aber wahrscheinlich könnte er. Vier Wochen Strammliegen bei offenem Fenster, viel mehr braucht er wahrscheinlich nicht. Wir haben ihn ja noch rechtzeitig erwischt. – Und wer versorgt ihn da bei euch?"

„Wir", sagten sie.

Der Arzt schrieb einige Anweisungen aus, die er Robert gab, und dann sagte er zu der Assistentin: „Fräulein Hella, Sie gehen jetzt mit diesen

Samaritern und sehen sich deren Behausung an. Sie wissen ja, worauf es ankommt. – Und Sie, Herr Riek, Sie studieren nun mal schön die Wasserflecke an der Decke; die therapeutische Wirkung ist eine ungeheure.

Und werden Sie nicht ungeduldig, dann kommt alles wieder hin.“

Quasi gab ihm die Hand und sagte: „Vielen Dank, Herr Doktor, vielen Dank, wenn es hilft, kann ich ganz still liegen. Aber, wenn ich Ihnen das sagen darf: Wir sind keine komische Fakultät!“

Nur eine angeweichte Stelle

Im Zimmer „Roter Oktober“ fanden sich Besucher ein, Krankenbesucher. Aber sie kamen nicht mit Blumen und nicht mit Äpfelchen in Seidenpapier, sie kamen mit Bedenken.

Angelhoff und Völschow, der Alte Fritz, besuchten Quasi Riek, um ihm zu sagen, daß seines Bleibens im Heim nicht sein könne. ... „Er gehört ins Krankenhaus.“

„Ins Krankenhaus gehören nur Leute, die krank genug sind“, antwortete Robert, „Karl-Heinz ist aber nicht so krank.

Er hat gerade angefangen, krank zu werden, und wenn er richtig gepflegt wird, wird er gar nicht erst richtig krank.“

Angelhoff hatte einen Ansatzpunkt. „Dann muß er in ein Heim, ein Pflegeheim. Hier ist kein Pflegeheim. Hier ist ein Wohnheim der Arbeiter und Bauern-Fakultät.“

Jakob wandte schüchtern ein: „Der Arzt, Herr Doktor Gropjuhn, hat uns gesagt, die Menschen, die in den Heimen sind, die sind mindestens ebenso krank wie die in den Krankenhäusern. Und alle sind belegt."

„Wir werden uns einschalten", sagte Völschow, „Wir werden unsere neuen staatlichen Stellen einschalten. Schließlich handelt es sich um einen Arbeiterkader."

„Einverstanden", sagte Trullesand, „aber der Arzt hat festgestellt, daß dieser Arbeiterkader nur eine angeweichte Stelle hat, und ob man da nun gleich staatliche Stellen einschalten muß, wenn der Arzt sagt ..."

Angelhoff unterbrach ihn. „Wir haben den ärztlichen Befund gelesen. Der Befund klingt harmlos. Aber wir haben inzwischen auch Berichte über den Arzt gelesen. Die klingen weniger harmlos. Dieser Mann war Oberstabsarzt, hat in Tübingen und Heidelberg studiert und in Bonn promoviert. In Bonn! 1934! Und was hat er geantwortet, als man ihn aufforderte, der Gesellschaft zum Studium der Kultur der Sowjetunion beizutreten? Soll ich es euch vorlesen? Herr Doktor Gropjuhn hat geantwortet: >Danke, nein.< Gefällt euch das?"

„Nee", sagte Trullesand, „gefällt mir nicht. >Danke, nein<, ist keine Antwort. Wahrscheinlich denkt er, er hat genug Kultur, wenn er Englisch kann und weiß, was am vierten Juli war. Und Oberstabsarzt gefällt mir auch nicht. Aber ich sehe noch keinen Zusammenhang mit Quasis, mit Rieks weicher Stelle."

Hermann Kant: Die Aula (1965)

Die Gärtnerin und der Kriegsgefangene

Unbehagen überkommt den Leser bei den ersten Zeilen. Ist das ein Roman? Die Beschreibung von Leni Pfeiffer, der Hauptfigur, nach Art eines Steckbriefs: Alter, Größe, Gewicht, Haarfarbe, Kleidung. Und ein paar Seiten weiter nennt der Erzähler der Geschichte sich „der Verf.“. Pedantischer geht's kaum.

Nachforschungen werden angestellt, Einzelheiten aufgespürt einer ungewöhnlichen Liebesgeschichte. Die für beide Beteiligten gefährliche Beziehung zwischen der Gärtnerin Leni und dem Kriegsgefangenen Boris in den letzten Kriegswochen in einer deutschen Großstadt. Das Bild eines Paares entsteht. Mehr noch, das Bild der Menschen im Umkreis der beiden Liebenden. Der Verfasser befragt sie alle, die Kollegen in der Gärtnerei, andere russische Gefangene, Freundinnen und Verwandte. Die Lebensumstände und Auskünfte der befragten Gestalten ergeben ein breites Bild von dem, was in Deutschland in den letzten Wochen des Zweiten Weltkrieges los war. Bombenangriffe, Bespitzelung, fanatische Nazigesinnung, Hoffen auf das Kriegsende, Mißhandlung von Gefangenen, ständige Beerdigung von Kriegstoten mit beinahe pausenlosen Salutschüssen.

Das geschieht vornehmlich in einem Ort mit einer zweitürmigen „Kathedrale“, durch den der Rhein fließt. Aus den Resten der Stadt machen 1000 britische Bomber am 2. März 1945 endgültig ein Trümmerfeld. Das ist Köln. Dort kommen Leni und Boris in einem Grabgewölbe zusammen. Sie zeugen einen Sohn. Nach Kriegsende trägt Boris eine deutsche Uniform und wird von den Amerikanern gefangen genommen. Er stirbt in einem lothringischen Bergwerk. Leni geht später ein Verhältnis mit einem türkischen Mieter ein, dem Gastarbeiter Mehmet.

Über die Figur seiner Heldin Leni veranschaulicht Böll seine Vorstellungen von Herzlichkeit, Sinnlichkeit und Liebe, die sich gegen eine feindliche Welt behaupten, welche den Einzelnen zu zermalmen droht. Leni und Boris, das ist nicht zuletzt die Überwindung von Feindschaft und die Versöhnung von Deutschen und Russen. Gemeinsam mit dem sowjetischen Schriftsteller Lew Kopelew hat Böll in dem Buch *Warum haben wir aufeinander geschossen?* (1991) diesen Gedanken dargelegt.

Und die bürokratische Schreibe? Mit vorangehender Lektüre wird sie zum geschmeidigen Sprachfluß, poetisch gar. So ist *Gruppenbild mit Dame* eine um Einzelheiten bemühte Erzählung, aber allemal ein richtig schöner Roman. Eingeweihte glauben zu wissen, daß dieses große Werk den Ausschlag gab für die Verleihung des Nobelpreises für Literatur 1972 an Heinrich Böll.

*

Leni

Weibliche Trägerin der Handlung in der ersten Abteilung ist eine Frau von achtundvierzig Jahren, Deutsche; sie ist 1,71 groß, wiegt 68,8 kg (in Hauskleidung), liegt also nur etwa 300-400 Gramm unter dem Idealgewicht, sie hat zwischen Dunkelblau und Schwarz changierende Augen, leicht ergrautes, sehr dichtes blondes Haar, das lose herabhängt; glatt, helmartig umgibt es ihren Kopf.

Die Frau heißt Leni Pfeiffer, ist eine geborene Gruyten, sie hat zweiunddreißig Jahre lang, mit Unterbrechungen versteht sich, jenem merkwürdigen Prozeß unterlegen, den man den Arbeitsprozeß nennt: fünf Jahre lang als ungelernte Hilfskraft im Büro ihres Vaters, siebenundzwanzig Jahre als ungelernte Gärtnereiarbeiterin. ...

Würde Leni ihr Haar kürzer schneiden, es noch ein wenig grauer färben, sie sähe wie eine gut erhaltene Vierzigerin aus; so wie sie ihr Haar jetzt trägt, ist die Differenz zwischen der jugendlichen Haartracht und ihrem nicht mehr ganz so jugendlichen Gesicht zu groß, und man schätzt sie auf Ende vierzig; das ist ihr wahres Alter, und doch begibt sie sich einer Chance, die sie wahrnehmen sollte, sie wirkt wie eine verblühte Blondine, die – was keineswegs zutrifft – einen losen Lebenswandel führt oder sucht. Leni ist eine der ganz seltenen Frauen ihres Alters, die es sich leisten können, einen Minirock zu tragen: ihre Beine und Schenkel zeigen weder Äderung noch Erschlaffung. Doch Leni hält sich an eine Rocklänge, die ungefähr im Jahr 1942 Mode war, das liegt zum größten Teil daran, daß sie immer noch ihre alten Röcke trägt, Jacken und Blusen bevorzugt, weil ihr angesichts ihrer Brust (mit einer gewissen Berechtigung) Pullover zu aufdringlich erscheinen.

Boris

Spätestens hier muß nun, um unangebrachte Spekulationen zu vermeiden, falsche Hoffnungen früh genug zu zerstören, der männliche Haupthandlungsträger der ersten Abteilung vorgestellt werden. Manche – nicht nur Frau Ilse Kremer –, und bisher fast alle ohne Ergebnis, haben sich schon Gedanken darüber gemacht, wieso dieser Mensch, ein Sowjetmensch mit dem Namen Boris Lvović Koltowski, in die günstige Lage kam, im Jahr 1943 in einer deutschen Kranzbinderei arbeiten zu dürfen. Da Leni nicht einmal, wenn es um Boris geht, sehr gesprächig wird, aber hin und wieder relativ mitteilsam, war sie – nach dreijährigem Drängen durch Lotte, Margret und Marja gemeinsam – bereit, zwei Personen zu nennen, die über Boris Lvović Auskunft geben könnten.

Die erste Person hat Boris nur flüchtig gekannt, aber intensiv in sein Schicksal eingegriffen. ... Leider ist diese Persönlichkeit erst spät, zu spät, auf Lenis Spur gekommen, erst im Jahre 1952, weil er in diesem Jahr erst erfuhr, daß Boris ein doppelter Günstling des Schicksals war: nicht nur in Pelzers Kranzbinderei durfte er arbeiten, er war es auch, auf den Leni gewartet zu haben schien. Boris ist fast jedem möglichen Verdacht ausgesetzt gewesen: er soll ein von den Deutschen eingeschleuster Spitzel gewesen sein, auf Pelzer und seine gemischte Belegschaft angesetzt; außerdem soll er natürlich ein sowjetischer Spitzel gewesen sein. Angesetzt worauf: auf die Geheimnisse deutscher Kranzbinderei im Kriege oder um über die gemischte Moral deutscher Arbeiter zu berichten? Zutreffend ist, daß er lediglich ein Günstling des Schicksals war. Weiter – nichts.

Er war, als er Ende 1943 die Szene betrat, wahrscheinlich – wir sind hier auf Schätzungen angewiesen – zwischen 1,76 und 1,78 m groß, mager, blond, wog mit an Sicherheit grenzender Wahrscheinlichkeit höchstens 54 Kilogramm, war Träger einer Nickelbrille. Er war, als er in Lenis

Leben trat, 23 Jahre alt, sprach Deutsch fließend, aber mit baltischem Akzent, Russisch wie ein Russe. Er hatte Deutschland 1941 noch friedlich betreten und kehrte eineinhalb Jahre später als sowjetischer Kriegsgefangener in dieses merkwürdige (manchen geheimnisvolle und unheimliche) Land zurück. Er war der Sohn eines zum Angestellten der sowjetischen Handelsmission in Berlin avancierten russischen Arbeiters, hatte einige Gedichte von Trakl im Kopf, sogar einige von Hölderlin, deutsch versteht sich, und war als diplomierter Straßenbauingenieur Pionierleutnant gewesen.

Die Geste

Es war ein sehr kalter Tag, Ende Dezember 43 oder Anfang Januar 44, und es hatte sich so eingespielt, daß die Ilse Kremer Kaffeeköchin geworden war. Sie war nämlich die Vertrauenswürdigste, wenn Sie mich fragen, und dieser doofe Kremp hätte sich mal fragen sollen, wieso eine alte Kommunistin die Vertrauenswürdigste für so eine Tätigkeit war. Da brachte doch jeder sein eignes Kaffeepulver mit, in einer Tüte, und im Kaffeepulver lag schon Provokation genug.

Manche hatten nur Kaffee-Ersatz, manche hatten 1:10, 1:8, die Leni immer 1:3 gemischt, und ich hab mir manchmal den Luxus 1:1 erlaubt, sogar gelegentlich puren Bohnenkaffee: das waren also zehn verschiedene Kaffeepulvertüten, zehn verschiedene Kaffeekännchen – angesichts der Kaffeeversorgungslage eine extreme Vertrauensstellung für die Ilse, denn wer hätte schon was gemerkt oder angenommen, sie hätte je auch nur ein Viertel

Lot aus einer guten in ihre manchmal schlechte Tüte getan? Nie. Das nannte man bei den Kommunisten Solidarität, und davon haben die Nazis Kremp und Wanft und Schelf ganz nett Gebrauch gemacht.

... und was tut unsere Leni am ersten Tag, wo der Russe bei uns auftaucht? Sie schenkt dem Russen eine Tasse von ihrem Kaffee ein – 1:3 müssen Sie wissen, während der Kremp seine flaue Plempe schlürfte –, schenkt dem Russen aus ihrer Kanne Kaffee in ihre Tasse ein und bringt sie ihm rüber an den Tisch, wo er in den ersten Tagen mit Kremp zusammen im Kranzkörperkommando arbeitete. Das war für die Leni eine Selbstverständlichkeit, jemand, der weder ne Tasse noch Kaffee hatte, eine Tasse Kaffee anzubieten – aber glauben Sie, die hat geahnt, wie *politisch* das war. Ich habe gesehen, daß sogar die Ilse Kremer blaß wurde – *die* wußte nämlich, wie politisch das war: einem Russen eine Tasse 1:3-Kaffee bringen, der mit seinem Duft alle anderen Plempegemische sowieso totschlug. Was tut der Kremp? Der sitzt meistens da, hat seine Beinprothese bei der Arbeit abgeschnallt, weil sie ihm noch nicht richtig saß, er nimmt also die abgeschnallte Prothese von dem Haken an der Wand - was meinen Sie, wie hübsch das aussah, immer so ein künstliches Bein da an der Wand und schlägt dem völlig verwirrten Russen die Tasse aus der Hand. Was folgt: tödliches Schweigen nennt man das.

... und was tut Leni, während na sagen wir ne Art atemlose und angstvolle Spannung herrscht? Was tut sie? Sie hebt die Tasse auf, die wegen der herumliegenden Torfmullreste weich gefallen und nicht kaputtgegangen war, sie hebt sie auf, geht zum Wasserhahn, spült sie sorgfältig. Mein Gott, Sie wissen doch, daß man so ne Tasse rasch mal ausspülen kann, meinetwegen auch gründlich, aber sie spülte sie, als wärs ein heiliger Kelch, dann trocknete sie die Tasse auch noch sorgfältig mit einem sauberen Taschentuch ab, ging zu ihrer Kaffeekanne, schüttete die zweite Tasse, die drin war – es waren so Zwei-Tassen-Kännchen, wissen Sie –, ein und bringt sie seelenruhig dem Russen, ohne den Kremp auch nur anzusehen. Nicht stumm tat sies. Nein, sagte auch noch: „Bitte sehr.“ Jetzt kams auf den Russen an. Der wußte wohl, wie politisch die ganze Situation war – ein nervöser, übersensibler Junge, das sage ich Ihnen, von einem Feingefühl, da hätte sich mancher ne Scheibe abschneiden können, blaß, mit seiner komischen Nickelbrille und seinem hellblonden, ein bißchen krausen blassen Haar, sah ja fast wien Engelchen aus der Junge –, was tut er, was tat er? Immer noch tödliches Schweigen, und jedermann spürt, daß hier Entscheidendes passiert. Leni hat das Ihre getan – was tut er? Nun, er nimmt den Kaffee, sagt laut und deutlich, in einem makellosen Deutsch! „Danke, mein Fräulein“ – und fängt an, ihn zu trinken; Schweißtropfen auf seiner Stirn, und Sie müssen sich vorstellen, der hatte wahrscheinlich schon ein paar Jahre keinen Tropfen Bohnenkaffee oder Tee bekommen – es wirkte auf ihn wie ne Spritze auf nen ausgemergelten Körper. Nun, zum Glück war damit das entsetzlich gespannte tödliche Schweigen zu Ende.

Heinrich Böll: Gruppenbild mit Dame (1971)

Notstandsliebe aus der Zeit der Bomben

Das Dorf heißt Bossdom und liegt in der Südostecke Deutschlands neben Polen. Es gibt ein Kohlebergwerk, eine Glasfabrik, kargen Ackerbau und eine Heide, auf der krumme Birken wachsen. Die Gegend heißt Niederlausitz.

Dort spielt Erwin Strittmatters Roman *Der Laden.* Er geht von der Kaiserzeit bis in die Jahre nach 1945. Es ist eine rauhe Welt. Eltern und Großeltern streiten sich um Darlehen und Zinsen. Väter haben Wutanfälle und schmeißen Tassen kaputt. Der Müller zerhackt die Mandoline seines Sohnes mit der Axt. In der Schule prügelt der Lehrer, und die Knaben üben sich darin, einen harten *Ursch* zu bekommen. Bisweilen liegt der Schulmeister über den Pulten der ersten Reihe und schläft einen Rausch aus. Dann müssen die Schüler sich die letzten Neuigkeiten aus dem Dorfleben erzählen. Aber leise, um den ruhenden Pädagogen nicht zu wecken.

Die Bewohner überwachen einander – wie das auf dem Dorf üblich ist. Wer vom ausgetretenen Pfad abweicht, erntet Mißbilligung, selten auch Bewunderung. Eifrige Späherin ist die Großmutter. Sie sieht manches, wenn sie *zu Miste* geht. Den Vater, wenn er mit der Hausmagd Hanka in der Scheune verschwindet. Die ist hübsch, hat auch Liebesgefühle im Onkel geweckt und spielt *Hasenküsse* mit dem Knaben Esau.

Das alles ist tiefe Provinz, in die indessen die großen Weltereignisse hineinragen. Im Ersten Weltkrieg war der Vater Bursche eines Generals. Dem mußte er jeden Morgen die Bartbinde umtun.

Während der Inflation gehen die Bauern zur Naturalwirtschaft über. Nach 1933 spielen die Schüler mit hölzernen Waffen und marschieren im Gleichschritt durch die Kleinstadt. Ein Junge beschimpft einen Mitschüler als Kommunistenschwein. Ein Mann, der eigentlich Schickelgruber heißt – der Erzähler nennt ihn auch Adolf von Linz –, wird als Genie bewundert. Wenig später sterben die Männer in Rußland, werden an der Kanalküste verwundet oder in Sibirien festgehalten. Nach 1945 bäckt Heinrich Matt Brote für die Soldaten der Roten Armee. Und langsam bildet sich ein neuer Staat heraus, der sich DDR nennen wird.

Der Charme dieses Romans über das kleine Dorf und die große Welt liegt in der Ehrlichkeit des Erzählers und in seinem Humor. Das gut entwickelte Triebleben der Bauern schildert er verständnisvoll und unverklemmt, bisweilen belustigt, aber ohne Lüsternheit. Pfarrer Krokosch vergißt mit der Leiterin einer Privatschule das Sechste Gebot. Das ist ein zweifacher Sturz von ehrwürdiger Höhe ins Schwach-Menschliche – und komisch. Hat die Lehrerin den Pastor verführt oder der die *Sägebocken*, fragen sich die Dorfbewohner.

Wer was für Sprache übrig hat, wird reich belohnt. Zwischen Sorbisch, Niederschlesisch und Hochdeutsch bahnen die Figuren sich ihren Weg. Die Mutter, die bis spät in die Nacht Frauenzeitschriften liest, sieht auf korrekte Rede, sagt aber *Glauben mir Se's* oder spricht von ihrem *Loaden.* Mit wehen Füßen steht sie hinter der Theke und verkauft Heringe, Kunsthonig und *poarchen von die neien Zigarrn.* Sie hat Freundinnen, das sind die *Kumpankas.* Im Dorf gibt es eine *Hintenrumsche* und einen *Groadezuen.* Christine sagt *ni* für „nicht“ und *oo* für „auch“. Das ist Schlesisch. Ein Kamerad, der mit dem Bruder aus der Gefangenschaft in Italien zurückkommt, sagt *sulche* und *wull* für „solche“ und „wohl“. Das ist Sudetendeutsch.

Der Textauszug handelt von Esau Matts schwierigem Verhältnis zu Frauen. Er liebt die Gemeindeschwester Christine. Unter einer Birke, auf einem von der Sonne aufgeheizten Stein wartet er auf sie. Aber aus dieser Liebe kann nichts werden. Nicht nur wegen Nona, der Mutter seines Kindes, die sich störend aus Thüringen meldet.

*

Nona

Ein Sonntagvormittag. Es war Fliegerwetter. Ich ging in den Spandauer Wald, doch die Flieger kamen merkwürdigerweise nicht. Es schien selbst in der Hölle Ruhetage zu geben.

Ein blasses Mädchen kam mir entgegen, es trug Wadenstrümpfe und war altfränkisch oder dirndlhaft angezogen. Sein feldstaubfarbenes Haar war zu einem Knoten aufgesteckt. Wenn mir früher zu einer gewissen Zeit Goldzähne gefielen, so gefiel mir um diese Zeit langes Haar bei Frauen.

Es fiel mir damals nicht schwer, eine Frau, die mich interessierte, anzusprechen. Es war ein wilder Drang in mir, mich mit einem Weibe zu lagern, wie ich ihn später nie mehr erlebte. Ich habe andere befragt und erfahren daß sie ähnlich bedrängt waren. Bei uns, auf den Heidedörfern, sagte man Lungenkranken nach, sie wären besonders geschlechtsgierig, sie würden ihren Tod auf sich zukommen fühlen und hätten das

Bedürfnis, ihr Leben weiterzugeben, bevor es ihnen entschwände. Saß da jetzt auch in mir ein Tod, der mich trieb?

Meine Moral war morsch, ich war wenig wählerisch und sprach die blasse Waldläuferin scheußlich konventionell an. Sie blieb stehen, antwortete aber nicht. Ich bemerkte, daß sie glänzende, etwas starre Augen hatte. Meine plumpe Annäherung schien ihr nicht unangenehm zu sein. Ich schloß mich ihr an, ohne aufgefordert zu sein.

Auf welche Weise schließlich eine Unterhaltung zwischen uns entstand, erinnere ich mich nicht mehr. Ich erfuhr, daß ich es mit einer Operationsschwester zu tun hatte, erfuhr, daß sie traurig wäre, weil ihr Geliebter, mit dem sie bisher zusammen gearbeitet hätte, an die Front geschickt worden wäre. Die Front war an der Neiße. Ich neidete dem Arzt, daß er meinem Bossdom so nahe sein durfte; sein Vorhandensein löste Rivalität in mir aus. Das Männchen in mir erwachte und wollte nicht zulassen, daß dieser Mediziner etwas mit dem Mädchen zu tun hatte, das jetzt neben mir ging. Ich glaubte, es mit einem Naturwissenschaftler wie diesem Arzt aufnehmen zu können, und breitete Unmengen von dem, was ich wußte oder was ich mir angelesen hatte, vor dem Mädchen aus, um es in Erstaunen zu versetzen und erkennen zu lassen, daß der Arzt, mit dem es oft und oft vor geöffneten Menschenleibern gestanden hatte, kein wunderweiser Mannsfisch gewesen wäre und daß es Männer gab, die nicht nur in das äußere Innere, sondern überdrauf in das innere Innere eines Menschen sehen konnten.

Es konnte dreist sein, die Blasse belustigte sich über mich und hatte ihre Gefühle so in Gewalt, daß kein einziges als Verräter in ihr Gesicht vordrang.

Als sie nach meinem kilometerlangen Imponiergeschwätz endlich etwas sagte, merkte ich, daß mein Plan aufging. Die Bläßliche sprach brüchig. Sie mußte abhusten, mußte ihre Stimme erst klären und schien, was ich bis dahin gesagt hatte, keineswegs für Geschwätz zu halten.

Mehr nicht von der raschen Entwicklung jener Notstandsliebe. An diesem Sonntagvormittag ereignete sich nichts, was die Kraft gehabt hätte, bis in meine Bossdomer Nachkriegstage, ja, bis in die heutigen Tage meines Lebens hineinzureichen. Alles, was geschah, war durchschnittlich. Das Mädchen hieß Wilhelmine. Ein Name mit Grünspan, deshalb ließ es sich Wilma nennen. Ich nannte es Nona, weil es erst vor einem Jahr aus der Schule gütiger Nonnen gekommen war.

Christine

Schwester Christine und ich sind einander so nahe, wie meine Mutter es befürchtet. Was tun? Ich mache Christine zum Orakel! Ist auch sie der Ansicht, ohne mich in leibliche Not zu geraten? Ich gebe ihr Nonas Brief. Sie liest ihn, und ich kann sehen, wie ihre Gedanken hinter der blassen Stirn hin und her schießen, sich kräuseln, recken und wieder zusammenziehen. Das ist eben so bei Christine: Man kann durch sie hindurchsehen. Das Orakel Christine sagt: Es sind dort zwei, die nicht ohne dich sein können, und ich bin allein.

Soll ich gestehen, daß sie weinte? Ich habe mich stets gesträubt, liebesbekümmerte Szenen aufzuschreiben, weil ich fürchte, sentimental zu werden.

Damals habe ich zudem die erste Geschichte von einem gewissen Hemingway gelesen. Das war ein männlicher Mann von einem Schriftsteller. Er schlug hart auf die große Trommel: Diese gottverdammte Liebe, was immer das sein mag! So oder ähnlich konnte man es bei ihm lesen. Später, als ich sein Buch vom *Anderen Land* gelesen hatte, wußte ich, weshalb er sich oftmals bei Liebesszenen in die Härte flüchtete: Auch er war nicht frei von Sentimentalität.

Christine ist ein ehrliches Mädchen. Es ist ihr nicht gegeben, sich vor lauter Gefühl zu betrügen. Sie bittet um Aufschub: Ich soll Nona und den Sohn nicht gleich kommen lassen, nicht morgen oder übermorgen. Ich soll damit in den Frühling hineinwarten. Es wäre ein Geschenk für sie, wenn wir noch ein paar Tage miteinander hätten. Und jetzt denk von mir, was du willst, sagt sie, immerhin ists möglich, das Mädchen dort in Thüringen lernt, wenn der Frühling sie bedrängt, einen anderen kennen und nimmt den, obwohl mich das hinwiederum kränken würde, wenn sie dich nicht bevorzugte. Ich würde jedenfalls dich nehmen und keinen anderen. Sie ist wohl doch, mehr als ich wähne, Fleischhauerstochter, die blasse Christine, und das Kalkulieren ist ihr eingeboren!

Am Rande des Feldes wächst eine kleine Birke, ein Birkchen. Großvater duldete nicht, daß der Vater es abhieb. Böme müssen sein for die Vögel. Neben der Birke liegt ein Findling, er kam beim Stubberoden nach oben.

Der Stein unter der Birke hat sich in den Probe-Sommertagen durchwärmt. Er arbeitet und nutzt Hitze, Regen und Kälte, um sich zu sprengen, und Erde zu werden. Wenn er redselig wäre wie wir, würde er sagen: Ich mühe mich um mein Fortkommen.

Nicht für mich und Schwester Christine hat der Stein sich also mit Wärme versorgt, aber wir nutzen sie. Ich sitze und warte auf sie. Sie kommt spät. Die alte Ratheyn liegt mit einem Magenübel darnieder. Sie hat versucht, sich selber zu kurieren und Urin getrunken.

Ein Windchen raschelt in den Zweigen der Hängebirke und ich meine, den Duft von erstem Birkengrün zu erschnuppern. *Hab überreif und überschneit den Stein zum Bett gemacht,* heißt es in einem alten Jägerliede. Unser Bett ist warm.

Bald wirds Mai, und ich müßt traurig sein, sagt Christine.

Ich bin harthörig. Ich will nichts wissen vom Mai, den Nona in ihrem letzten Brief zum Termin machte. Ich werd aber ni traurig sein, nicht a Brickel, sagt Christine. In mir steht das Männchen auf: Christine würde nicht einmal traurig sein, wenn wir uns trennten? Wirst also *Nun danket alle Gott* singen, wenn ich aufs andere Verhältnis übergehe? Ich werd ni weinen, werd oo ni lachen, sagt Christine. Ich hoa was gelernt die letzte Zeit. Bis zum Mai wären es noch Wochen. Es sei überdrauf, sich auf die Zukunft hin vorzufürchten, es kenne sie keiner. Sie küßt mich und macht es mir leicht.

Karge Hochzeit

Alle hecken ohne Trauschein zusammen. Sie meint die Krummaus, Nona und mich. Keene Zustände nich, für een Haus mitm Loaden!

Noch immer fürchtet die Mutter überflüssigerweise, die Loadenkundschaft kinnde sich anstoßen. Nona sieht mich mit blau starren Augen an. Sie ist, wie ihr wißt, katholisch und hat mit vielen Sünden, die sie gegen ihre Konfession begangen hat, fertig zu werden. Ihr kommt das Drängen meiner Mutter zupaß, sich wenigstens von einer ihrer Sünden zu befreien. Sie begrüßt die Aussicht, daß ihr die Sünde, mit mir in einem Bett zu liegen, wenigstens staatlicherseits genommen wird.

Am Vormittag eines Arbeitstages, zwischen zwei Brotbäcken, gehen Nona und ich eingehenkelt, weil das so Sitte ist, durchs Hinterdorf zum Standesamt. Mit uns sind der Vater und Bruder Heinjak. Sie sollen auf dem Amte bezeugen, daß Nona Wilma Prautermann ist und ich Esau Matt bin.

Als Hochzeitsgast ist meine Schwester eingetroffen. Sie hat nicht nur ihr Söhnchen dabei, sondern auch jenen Mann, den wir vom Hörensagen, aus hypnotischen Träumen und als Telegrammboten kennen. Er redet sehr direkt, ist ein *Groadezuer,* wie es in Bossdom heißt, ein Mann, überall *zuhausich.* Meine Schwester hofft, die Eltern durch unsere Hochzeit weich genug gestimmt vorzufinden, um ihnen ihren neuen Mann einzuschieben. Der neue Mann heißt Otto und redet meine Eltern gleich mit Vater und Mutter an. Ich bemerke das leise Kopfschütteln der Mutter.

Meine Schwester hat unterwegs Fichtenzweige geschnitten und unsere Stühle damit umkränzt, auch zwischen den Tellern liegt grünes Geäst, und im rotgoldenen Haar der Schwester und im schwarzen Haar von Hertchen steckt je ein Fichtenzweig, als kämen die Damen vom Pilzesuchen.

Eine merkwürdige Hochzeitsmahlzeit, karg, aber reichlich. Es werden Pellkartoffeln nach Lausitzer Heidesitte auf dem Tisch ausgekippt. Der Quark ist eine Gabe von Hertchen. Ihre Kuh hat gekalbt und steht in der Frischmelke. Der Quark wird mit der *Austukelle*, dem runden Schöpflöffel, auf die Teller geklatscht. Als zweiten Gang gibt es Schäfertunke*: als Nachtisch Rotkraut, das mit Süßstoff abgedämpft ist. Später wird Kartoffelkuchen gereicht und Lurke (Malzkaffee) ausgeschenkt, die mit einigen echten Kaffeebohnen durchschossen ist. Zwei Flaschen Bergmannsschnaps spendet mein neuer Schwager. Er ist eine Besorgernatur.

* Soße aus gebräuntem Roggenmehl, Speck und Zwiebeln. Kann mit Malzkaffee und einem Schluck Milch verfeinert werden.

Erwin Strittmatter: Der Laden. Dritter Teil (1992)

Eine ähnliche Fassung in: *Edelsteine.* 107 Sternstunden der deutschen Sprache. Paderborn IFB Verlag Deutsche Sprache, 2014

Deutsche Jahre

Zur Jahrhundertwende, mit der ein neues Jahrtausend anbrach, veröffentlichte Günter Grass 100 kurze Erzählungen über erfundene und wirkliche Ereignisse von 1900 bis 1999. Private Welt verbindet sich mit Hauptschauplätzen der Geschichte, kleine Begebenheiten knüpfen sich an die großen Vorgänge, die Deutschland verwandeln werden – vom Kaiserreich bis zur Wiedervereinigung und danach.

In einem Café in Zürich treffen sich die Schriftsteller Ernst Jünger und Erich Maria Remarque zu einem Gedankenaustausch über den Ersten Weltkrieg. Das Gespräch zwischen dem einfachen Soldaten, der sich als Pazifist versteht, und dem schneidigen Frontoffizier, der auf Abenteuer und Gefahr aus war, zeigt überraschende Gemeinsamkeiten. Der zweite Text handelt vom 17. Juni 1953, von ohnmächtigen Steinewerfern und von sowjetischen Panzern, die den Aufstand niederwalzen. Der Beobachter schreibt später ein Theaterstück, ein Trauerspiel, das den Mächtigen hüben wie drüben mißfällt.

*

1914

Endlich nachdem sich zwei Kollegen unseres Instituts wiederholt und vergeblich bemüht hatten, gelang es mir Mitte der sechziger Jahre die beiden alten Herren zu einem Treffen zu bewegen. Mag sein, daß mir, der jungen Frau, mehr Glück zufiel und ich obendrein als Schweizerin mit dem Bonus der Neutralität ausgestattet war. Meine Briefe mochten, so sachlich ich unseren Forschungsauftrag umriß, als zartes, wenn nicht schüchternes Anklopfen erhört worden sein; innert weniger Tage kamen die Zusagen annähernd gleichzeitig.

Von einem denkwürdigen, „is bitzeli fossil" wirkenden Paar berichtete ich meinen Kollegen. Ruhige Zimmer hatte ich im Hotel „Zum Storchen" reserviert. Dort saßen wir, zumeist in der Galerie der Rôtisserie, mit Blick auf die Limmat, das gegenüberliegende Rathaus und das Haus „Zum Rüden". Herr Remarque – damals im siebenundsechzigsten Lebensjahr – kam von Locarno her angereist. Er, offensichtlich ein Lebemann, schien mir gebrechlicher zu sein als der rüstige Herr Jünger, der seinen Siebzigsten grad hinter sich hatte und sich betont sportlich gab. Wohnhaft im Württembergischen, war er über Basel gereist, nachdem ihn eine Fußwanderung durch die Vogesen zum einst blutig umkämpften Hartmannsweilerkopf geführt hatte.

Unsere erste Gesprächsrunde ließ sich recht stockend an. Meine Herren „Zeitzeugen" redeten kenntnisreich über Schweizer Weine: Remarque lobte Tessiner Sorten, Jünger gab dem welschen Dole den Vorzug. Beide waren sichtlich bemüht, mir ihren wohlkonservierten Charme anzudienen. Drollig, aber auch lästig wirkten ihre Versuche, mit mir „uff Schwyzerdütsch zu schwätze". Doch dann, als ich aus einem im Verlauf des Ersten Weltkrieges oft gesungenen Lied – „Flandrischer Totentanz" –, dessen Verfasser anonym geblieben ist, den Anfang zitierte: „Der Tod reit't auf ein'm schwarzen Rappen, er trägt ein undurchsichtige Kappen", summte zuerst Remarque, bald auch Jünger die schaurig schwermütige Melodie, beide wußten die jeweils das Strophenende beschließenden Zeilen: „Flandern in Not, in Flandern reitet der Tod.“ Dann schauten sie in Richtung Großmünster, dessen Türme die Häuser der Schiffslände überragten.

Nach dieser von einigem Räuspern unterbrochenen Nachdenklichkeit sagte Remarque, im Herbst vierzehn – er habe noch in Osnabrück die Schulbank gedrückt, während die Freiwilligenregimenter bei Bixschoote und vor Ypern verblutet seien – hätte die Legende von Langemarck, nach der man das englische Maschinengewehrfeuer mit dem Deutschlandlied auf den Lippen beantwortet habe, auch auf ihn großen Eindruck gemacht. Wohl deshalb – und von Lehrern ermuntert – habe sich manch eine Gymnasialklasse kriegsfreiwillig gemeldet. Jeder zweite sei draußen geblieben. Und die überlebt hätten, wie er, der allerdings kein Gymnasium habe besuchen dürfen, seien noch heute verdorben. Er jedenfalls sehe sich immer noch als „lebendigen Toten“.

Herr Jünger, der seines Schriftstellerkollegen Schulerlebnisse – offenbar nur Realschule – mit feinem Lächeln bedacht hatte, nannte zwar den Langemarckkult „vaterländischen Mumpitz“, räumte aber ein, daß ihn schon lange vor Kriegsbeginn ein großes Sehnen nach Gefahr, die Lust aufs Ungewöhnliche – „und sei’s im Dienst der französischen Fremdenlegion“ – gepackt hätten: „Als es dann losging, fühlten wir uns zu einem großen Körper zusammengeschmolzen. Doch selbst als der Krieg seine Krallen zeigte, vermochte mich der Kampf als inneres Erlebnis bis hin in meine letzten Stoßtruppführertage zu faszinieren. Geben Sie es ruhig zu, bester Remarque, selbst in *Im Westen nichts Neues*, Ihrem vortrefflichen Erstling, erzählten Sie, nicht ohne innere Rührung, von der Kraft soldatischer Kameradschaft, die bis in den Tod reichte.“ Dieses Buch, sagte Remarque, reihe nicht Selbsterlebtes, sondern sammle die Fronterfahrung einer verheizten Generation. „Mein Lazarettdienst war mir Quelle genug.“

Nicht daß sich die alten Herren nun zu streiten begannen, aber betont legten sie Wert darauf, in Sachen Krieg unterschiedlicher Meinung zu sein, einen gegensätzlichen Stil zu pflegen und auch sonst aus jeweils anderem Lager zu kommen. Wenn sich der eine noch immer als „unverbesserlicher Pazifist“ sah, verlangte der andere, als „Anarch“ begriffen zu werden.

„Ach was!“ rief Remarque. „Sie sind doch in Ihren *Stahlgewittern* bis hin zur letzten Ludendorff-Offensive wie ein Lausbub auf Abenteuersuche gewesen. Haben leichtsinnig einen Stoßtrupp zusammengetrommelt, um aus blutigem Vergnügen schnell ein, zwei Gefangene zu machen und dabei womöglich ein Fläschchen Cognac zu ergattern ... .“ Dann jedoch räumte er ein, daß der Kollege Jünger in seinem Tagebuch den Graben- und Stellungskrieg, überhaupt den Charakter der Materialschlacht teilweise treffend beschrieben habe.

Gegen Ende unserer ersten Gesprächsrunde – die Herren hatten zwei Flaschen Rotwein geleert – kam Jünger abermals auf Flandern zu sprechen: „Als wir zweieinhalb Jahre später im Frontabschnitt Langemarck schanzten, stießen wir auf Gewehre, Koppelzeug und Patronenhülsen aus dem Jahr vierzehn. Sogar Pickelhauben fanden sich, mit denen damals die Freiwilligen in Regimentsstärke ausgerückt sind.“

1953

Der Regen hatte nachgelassen. Als Wind aufkam, knirschte Ziegelstaub zwischen den Zähnen. Das ist typisch für Berlin, wurde uns gesagt. Anna und ich waren seit einem halben Jahr hier. Sie hatte die Schweiz verlassen, ich Düsseldorf hinter mir. Sie lernte bei Mary Wigman in einer Dahlemer Villa den barfüßigen Ausdruckstanz, ich wollte in Hartungs Atelier am Steinplatz immer noch Bildhauer werden, schrieb aber, wo ich stand, saß oder bei Anna lag, kurze und lange Gedichte. Dann geschah etwas außerhalb der Kunst.

Wir nahmen die S-Bahn bis zum Lehrter Bahnhof. Dessen Stahlskelett stand immer noch. Vorbei an der Reichstagsruine, dem Brandenburger Tor, auf dessen Dach die rote Fahne fehlte. Erst am Potsdamer Platz sahen wir von der Westseite der Sektorengrenze aus, was geschehen war und im Augenblick oder seitdem der Regen nachgelassen hatte, geschah. Das Columbushaus und das Haus Vaterland qualmten. Ein Kiosk stand in Flammen. Verkohlte Propaganda, die der Wind mit dem Qualm aufgetrieben hatte, schneite in Flocken schwarz vom Himmel. Und Menschenaufläufe sahen wir, hin und her ohne Ziel. Keine Vopos. Aber, eingeklemmt in der Menge, sowjetische Panzer, T 34, den Typ kannte ich.

Warnend stand auf einem Schild: „Achtung! Sie verlassen den amerikanischen Sektor.“ Einige Halbwüchsige wagten sich mit und ohne Fahrrad dennoch rüber. Wir blieben im Westen. Ich weiß nicht, ob Anna anderes oder mehr gesehen hat als ich. Beide sahen wir die Kindergesichter russischer Infanteristen, die sich entlang der Grenze eingruben. Und weiter weg sahen wir Steinewerfer. Überall lagen Steine genug. Mit Steinen gegen Panzer. Ich hätte die Wurfhaltung skizzieren, stehend ein Gedicht, kurz oder lang, über das Steinewerfen schreiben können, machte aber keinen Strich, schrieb kein Wort, doch die Gestik des Steinewerfens blieb haften.

Erst zehn Jahre später, als Anna und ich einander von Kindern bedrängt als Eltern erlebten und wir den Potsdamer Platz als Niemandsland und nur noch vermauert sahen, schrieb ich ein Theaterstück, das als deutsches Trauerspiel „Die Plebejer proben den Aufstand" hieß und den Tempelwächtern beider Staaten ärgerlich war. Es ging in vier Akten um die Macht und die Ohnmacht, um geplante und spontane Revolution, um die Frage, ob Shakespeare sich ändern lasse, um Normerhöhungen und einen zerfetzten roten Lappen, um Worte und Hochmütige und Kleinmütige, um Panzer und Steinewerfer, um einen verregneten Arbeiteraufstand, der, kaum war er niedergeschlagen, auf den 17. Juni datiert, zur Volkserhebung verfälscht und zum Feiertag verklärt wurde, wobei es im Westen bei jeder Abfeier mehr und mehr Verkehrstote gab.

Die Toten im Osten jedoch waren erschossen, gelyncht, hingerichtet worden. Außerdem wurden Freiheisstrafen verhängt. Das Zuchthaus Bautzen war überbelegt. Das alles kam erst später ans Licht. Anna und ich haben nur ohnmächtige Steinewerfer gesehen. Vom Westsektor aus hielten wir

Distanz. Wir liebten uns und die Kunst sehr und waren keine Arbeiter, die Steine in Richtung Panzer warfen. Doch seitdem wissen wir, daß dieser Kampf immer wieder stattfindet.

Manchmal, doch dann um Jahrzehnte verspätet, siegen sogar die Steinewerfer.

Günter Grass: Mein Jahrhundert (1999)

Hilla

Hildegard Palm lebt in einem Dorf am Rhein. Der Vater ist ungelernter Arbeiter, hat sie als kleines Kind mit dem Hosengürtel geprügelt und ihre Zahnspange zerstört. Die verhuschte Mutter sieht überall Katastrophen und betrachtet voll Mißtrauen die Tochter und deren Anderssein. In dem kleinen Haus, das die Familie bewohnt, wird im Winter nur die Küche beheizt.

Hilla hat ein Stipendium für das Aufbaugymnasium bekommen und ihre Bürolehre abgebrochen.

Das sensible Mädchen um die 17 erliegt dem zauberischen Reiz der Sprache und der Bücher. Hinter dem Haus hat sie ihren Verschlag. Dort liest und schreibt sie und schafft sich ein Gegenreich zur engstirnigen Welt der Eltern und den Zwängen des Dorfes. Dort gibt sie sich den Texten, Sätzen, Versen, Reimen und Wörtern hin, die sie aufsaugt und mit sich herumträgt. Ein kostbarer Schatz.

Sie hat Bundesgenossen. Mit dem jüngeren Bruder Bertram, der mit ihr das Zimmer teilt, bespricht sie vor dem Einschlafen ihre Gefühlsnöte. Die Geschwister spielen lustvoll mit der lateinischen Sprache. Der Pfarrer und ein Lehrer sorgen dafür, daß Hilla die höhere Schule besucht. Weniger gut geht es mit dem Freund Godehard, schwerreicher Erbe eines Schokoladenherstellers, der Hilla als Lückenbüßerin für seine verstorbene Verlobte nimmt. Von den Männern, die sie nach einer Schulfeier im Auto mitnehmen, wird sie betäubt und vergewaltigt und wacht am folgenden Morgen nackt in einer Waldlichtung auf. Danach ist nichts mehr wie vorher. Aber Hilla verfolgt ihren Weg, zäh und beharrlich, aus der Welt heraus, in der sie leidet, für die sie dennoch keinen Haß empfindet.

Um die Geschichte der Hildegard Palm zeichnet Ulla Hahn das Bild der Bundesrepublik Deutschland in den frühen 60er Jahren: der erste Selbstbedienungsmarkt, der Couchtisch zum Hochkurbeln, der Quellekatalog, der Auschwitz-Prozeß, die Beatles, erste Gastarbeiter.

Am Ende studiert Hilla in Köln Germanistik. Der Vater hat Geld vom Sparbuch dazugegeben und ermuntert die Tochter, ein Zimmer in der Großstadt zu mieten. Im katholischen Studentinnenheim wird sie aufgenommen. *„Ein Zimmer für mich allein"*, verlangt sie hartnäckig. Und sie bekommt es.

*

Buchsteine

Lommer jonn, hatte der Großvater gesagt, lasst uns gehen!, in die Luft gegriffen und sie zwischen den Fingern gerieben. War sie schon dick genug zum Säen, dünn genug zum Ernten? Wie freudig war ich ihm alle Mal gefolgt, das Weidenkörbchen mit den Hasenbroten in der einen, den Bruder an der anderen Hand. Aus dem kleinen Haus in der Altstraße 2, wo die Großmutter regierte und der liebe Gott, der Vater op de Fabrik ging und die Mutter putzen, zogen wir vorbei an Rathaus, Schinderturm, Kirchberg, durch Rüben-, Kohl- und Porreefelder an den Rhein, ans Wasser. Dorthin, wo keine Großmutter Gott und Teufel beschwor, kein Vater drohte, keine Mutter knurrte, wo ich mich losriss von der Hand des Großvaters und loslief, auf und davon und weit hinein ins Leben, durch Kindergarten und Volksschule,

Mittelschule und erste Liebe, eine Lehrstelle auf der Pappenfabrik, die Flucht in den Alkohol und die Erlösung daraus. War Beichtkind, Kommunionkind, Firmling gewesen, hatte mich von Hildegard in Hilla umgetauft, mir das schöne Sprechen beigebracht, das Essen mit Messer und Gabel.

Lommer jonn, hätte der Großvater an einem Tag wie heute gesagt, frostklare Sonne, ein krisper Wind, ventus, venti, masculinum, ich hatte die Zeit seit der Kündigung meiner Lehrstelle genutzt, carpe diem, hatte mein Pensum intus, mit der Sprache, der lingua Gottes, auf du und du. Ich hatte die Prüfung bestanden. Das Aufbaugymnasium erwartete mich. Das Wilhelm-von-Humboldt-Aufbaugymnasium.

Lommer jonn, hätte er gesagt, und ich wickelte mich in Mütze und Schal, machte mich auf, an den Rhein, ans Wasser, dorthin, wo die Wellen mir mein erstes Buch vor die Füße gespült hatten, einen weißen, von grauen und schwarzen Linien geäderten Kiesel. Der Stein ist beschrieben!, hatte das kleine Mädchen gejauchzt. Beinah wie das Schreibheft der Cousinen, die Zeilen im Märchenbuch der Schwester im Kindergarten.

Ich zog die Mütze fester über die Ohren. „Verjess de Heische* nit!“, rief mir die Mutter nach, „komm nit ze spät noh Huus, denk an morjen!“ Hinter mir fiel das Gartentor ins Schloss, ich vergrub die Hände in den Manteltaschen. Da war er, der Stein, den der Großvater lange in der Hand gewogen hatte, da waren sie wieder, seine lieben Großvateraugen, die nachdenklich abwechselnd mich, dann den Stein betrachtet hatten. Und da war sein warmes, dunkles Großvaterbrummen, das sich so friedfertig abhob von den schrillen Stimmen der Mutter, der Großmutter, den knappen, widerwilligen Sätzen des Vaters.

Es gab einmal, hatte der Großvater damals erklärt, einen Stein, der alles verwandelt. Er leuchtete im Dunkeln und im Hellen. Als er aber auf die Erde gefallen sei, vor vielen Millionen Jahren, gleich nachdem Gott Himmel und Erde erschaffen habe, seien tausend und abertausend Steinchen abgesplittert und hätten sich über unsere Welt verstreut. Sie alle enthielten nun winzige Bruchteile dieses Himmelssteins. Dies seien die Buchsteine, de Boochsteen. Wer diese Splitter finde, sei selbst ein Licht und leuchte in der Welt. Sei gut und schön und ein Mensch, den alle lieben. Schon das kleinste Teilchen des Steins mache die Menschen selber gut und schön.

Ein Beginn von Nähe

Es klopfte. Ich schrak zusammen. Mein Holzstall war tabu. Niemand, nicht einmal Bertram durfte mich hier stören.

Es klopfte. Draußen stand der Vater in Mantel und Hut. Auf seinem Gesicht ein Ausdruck, den ich an ihm kannte, wenn ihm der Prinzipal mit schnarrender Stimme und abgehackten Bewegungen auseinandersetzte, wie er den Garten gestaltet zu sehen wünschte. Und nun nahm der Vater auch noch den Hut vom Kopf und drehte ihn unbeholfen in den Händen, ein paar Zentimeter nach rechts, ein paar Zentimeter nach links.

„Du?“, sagte ich. „Was is?“

So nah beieinander hatten wir lange nicht gestanden. Ich in meinem Stall, meinem Refugium, im Schutz meines Trostgestells, der Vater draußen. Für zwei war in meiner Zuflucht kein Platz.

„Has de Zeit?", fragte der Vater. Seine Hände hielten den Hut jetzt still, und die Narbe auf seiner Wange war hochrot und zuckte bis unters Auge.

„Ist was?", sagte ich noch einmal. „Klar hab ich Zeit."

Ich wollte nicht, dass der Vater vor mir stand wie vor dem Prinzipal. So hatte der Wäschemann vor den Frauen gestanden, wenn er die Entscheidung erwartete für oder gegen das teurere Korsett, die Bettwäsche, Biber einfach uni oder doppelt mit Muster floral. Beinah unheimlich war mir dieser Vater.

„Komms de jitz? Oder nit?" Der Vater setzte den Hut auf. Ich war froh, die bekannte barsche Ungeduld in seiner Stimme wiederzufinden. „Mach fix, die da drinnen brauche uns nit ze sehe." Der Vater fasste mich beim Arm. Ich zuckte zurück. Wir sahen uns an wie ertappt.

„Isch jeh schon mal vor." Der Vater wandte mir den Rücken zu. Ich schaute in den Klappspiegel und fuhr mir mit dem Kamm durchs Haar.

Seit unserer Fahrt nach Köln war ich mit dem Vater nicht mehr allein gewesen. Damals in Köln, das war in der Fremde gewesen, im Niemandsland, Wunderland, wo wir aus unseren gewohnten Rollen hatten herausschlüpfen können, uns ein stückweit neu erfinden, zueinander hatten finden können. In Dondorf mit dem Vater in ein Geschäft zu gehen: undenkbar. In ein Wirtshaus erst recht nicht. Und durch die Straßen?

An Piepers Eck holte ich ihn ein. Unschlüssig schaute er nach rechts, nach links. Ich ahnte, was er überlegte. Sollten wir links durch die belebte Dorfstraße gehen oder rechts am Friedhof vorbei, wo uns kaum einer sehen würde. Wohin es ging, war klar: an den Rhein.

„Komm", sagte ich und wandte mich nach links.

Mitten durchs Dorf ging ich neben dem Vater, sah, wie sich meine Füße in den schmuddeligen Turnschuhen neben seinen bewegten. Sein linker Fuß in einem hohen orthopädischen Stiefel. Sein rechter im blankgewienerten Halbschuh. Das ließ sich die Mutter nicht nehmen. Ich gehe neben dem Vater, sagte es in meinem Kopf. Hilla Palm geht neben Josef Palm die Dorfstraße entlang: an der Post vorbei, am Krankenhaus vorbei, durch das Tor vom Schinderturm.

Der Vater stumm wie ich. Sein Bein in dem plumpen Schuh schlug bei jedem Schritt zur Seite aus wie ein störrisches Pferd, so, dass ich immer weiter nach links ruckte, bis ich mich dicht an die Fensterscheibe von Alma Maders Hutladen drücken musste, wollte ich nicht Gefahr laufen, den Vater zu berühren.

Der Vater trat neben mich. „Seit wann interessierst de disch für Hüte?" Seine Stimme klang rau, beinah erstickt, als unterdrücke er, was in der Kehle schon auf die Zunge drängte.

Hätte er am liebsten so wie ich gesagt: Weißt du noch? Weißt du noch, wie wir einmal vor einem ganz anderen Schaufenster standen, auf der Hohe Straße in Köln?

Ulla Hahn: Aufbruch (2009)

*Handschuhe

Eine deutsche Familie – Schwerpunkt Ost

Vier Generationen. Charlotte und Wilhelm kehren 1952 aus dem mexikanischen Exil nach Ost-Berlin zurück. Ihr Sohn Kurt hat zehn Jahre in Sibirien im Lager gesessen und fünf Jahre in der Verbannung verbracht, wo er Irina kennenlernte. Sie war Sanitäterin in der Roten Armee und weigerte sich, verwundete deutsche Soldaten zu erschießen. Alexander, der Sohn, sucht in Mexiko nach den Spuren seiner Großeltern. Er ist unheilbar an Krebs erkrankt.

Die Figuren sind Opfer von Unrecht und Unmenschlichkeit. Die Verurteilung der Brüder, die Erschießung von Werner, der Hunger im Lager. Dazu die tödliche Diagnose, Siechtum und Verfall im Alter. So kann das Leben sein – zu den Zeiten von Faschismus und DDR und überhaupt jenseits aller Geschichte. Sozialistische Ideale ersticken an den verkrampften politischen Verhältnissen, an ideologischer Bevormundung und bösen Intrigen. Die Freiheit, die der Westen bietet, ist keine Gewähr für ein erfülltes Dasein. Markus, der Jüngste in der Familie, der zwischen Disko, McDonald's und Computerspielen seinen Stiefvater beschimpft, ist kein Hoffnungsträger.

Die herausragenden Gestalten enden im Elend. Kurt wird zum sabbernden Greis, der Windeln trägt. Charlotte hilft dem dementen Wilhelm mit der falschen Arznei aus dem Leben. Alexander sieht am Pazifikstrand seinem Krebstod entgegen.

Eugen Ruge erzählt das ohne Wehleidigkeit oder Pathos. Was den Leser bedrücken könnte, wird durch trockenen Humor gemildert. Aber es gibt auch schöne Gefühle. Alexanders Briefe an Marion, die er nur im Kopf entwirft, ohne sie jemals abzuschicken, beschwören die Liebe als hohes Gut. Aber die Liebe wird nicht gelebt, sondern ist nur als Idee vorhanden.

Das letzte Wort hat das *gleichgültige* Rauschen des Meeres.

*

Irina

Ein sowjetischer Freund, einst Lageraufseher, jetzt General, schickt dem Ehepaar Kurt und Irina Umnitzer ein Paket mit Kaviar.

Den geringsten Teil des Kaviars verzehrten Kurt und Irina selbst. Ihr Kaviarappetit hielt sich in Grenzen, denn obwohl es in Slawa kaum ausreichend Lebensmittel gegeben hatte, war dort, ausgerechnet im Sommer nach Stalins Tod, ein ganzer Güterwaggon schwarzen Kaviars angekommen, „auf Zuteilung", wie es hieß, und Kurt und Irina hatten sich derart an Kaviar überfressen, dass Irina eine Art anaphylaktischen Schock erlitt und danach monatelang in der Angst lebte, das Kind, das sie unmittelbar nach Stalins Tod gezeugt hatten, durch übermäßigen Kaviarverzehr geschädigt zu haben. Der größte Teil des Sobakinschen Kaviars ging als Schmier- und Zahlungsmittel in den undurchsichtigen Kreislauf der unter Ladentischen und in Hinterzimmern gehandelten Waren ein.

Abgesehen von der burgundischen Gans* war die Küche am Weihnachtstag deutsch. Außer Rotkohl und Grünkohl gab es noch Thüringer Klöße, außerdem einen deftigen Rettichsalat als Vorspeise, rote Grütze, als Nachspeise und selbstgebackenen

Weihnachtsstollen zum anschließenden Kaffee – und das alles im Überfluss, denn nichts verabscheute Irina mehr als die Frage, *ob es reichen würde.* Ihre ganze Kindheit hindurch hatte sie sich diese Frage gestellt. Ihre ganze Kindheit hindurch hatte sie nach Brot angestanden; ihre ganze Kindheit hindurch hatte sie halbverfaulte Kartoffeln gegessen (denn immer wurden die halbverfaulten Kartoffeln *zuerst* gegessen, sodass man schließlich *immer nur* halbverfaulte Kartoffeln aß); ihre ganze Kindheit hindurch hatte sie bei Winterbeginn auf die ersten Starkfröste gewartet, weil das magere Schwein, das Oma Marfa das Jahr über mit Abfällen fütterte, in der Regel erst – dann aber in aller Eile – geschlachtet wurde, wenn ihm bei Außentemperaturen von minus fünfzig Grad in dem aus dünnen Brettern zusammengezimmerten Stall die Klauen erfroren waren.

Armes Schwein, dachte Irina.

Kurt

Am Ende hatte er noch weniger aus der Sowjetunion mitgebracht, als er zwanzig Jahre zuvor, als Fünfzehnjähriger, hingebracht hatte.

Fünfunddreißig war er gewesen, als er zurückkam, und auch wenn er – als eine Art Wiedergutmachung sofort eine Stelle an der Akademie der Wissenschaften bekam, war der Neubeginn alles andere als leicht gewesen. Sein Deutsch war nach zwanzig Jahren in Russland akzentgefärbt. Er wusste nicht, was erlaubt war und wann man lachen durfte. Aus einer Welt kommend, wo man sich morgens mit dem Mutterfluch begrüßte, hatte er kein Gefühl dafür, wie man den Honoratioren gegenübertrat, geschweige denn für das feine Geflecht der Allianzen und Animositäten im sozialistischen Wissenschaftsbetrieb.

Auf der Heimfahrt von einer Veranstaltung in Berlin bleibt der Zug stehen. Kurt geht zu Fuß weiter.

Allmählich kamen die Bilder von der Parteiversammlung wieder. ... Das Schweinsgesicht. Die Augen. Die dünne sägende Stimme. An wen, verdammt, erinnerte ihn dieser Mensch?

Und plötzlich wußte er es: Lubjanka, Moskau 1941. Zehn Jahre Lagerhaft. Wegen antisowjetischer Propaganda und Bildung einer konspirativen Organisation. Die Organisation waren: er und sein Bruder.

Jetzt war ihm der weiche Waldboden unter den Füßen auf einmal unangenehm. In der Ferne glaubte er das Bellen der Bauchsägen zu hören, das unheimliche Brüllen der Baumriesen, wenn sie, sich langsam um die eigene Achse drehend, zu Boden gingen. Und nach einer Weile kamen auch Bilder, flüchtig, zusammenhanglos: Zählappelle bei dreißig Grad minus; der morgendliche Anblick der vereisten Barackendecke, ein Anblick, der verbunden war mit der Erinnerung an die dumpfe Geschäftigkeit von zweihundert Barackenbewohnern, die sich für den Tag fertig machten, an ihre Ausdünstungen, den vom Hunger verdorbenen Atem, den Gestank ihrer Fußlappen, ihres Nachtschweißes, ihrer Pisse. ... Schwer zu glauben, dass er das alles erlebt, dass er es überlebt hatte. Erneut kam ihm der Krichatzki** in den Sinn, den er in der Brusttasche zum Arbeitseinsatz geschleppt hatte – sein letzter Privatbesitz, abgesehen von seinem Löffel. Der letzte Beweis dafür, dass irgendwo da draußen noch eine andere Welt existierte. Deshalb hatte er den Krichatzki (Zigarettenpapier!) nicht gegen Brot eingetauscht, hatte ihn mitgeschleppt in diesen Winter hinein, den schlimmsten, 1942/43, als es nichts mehr zu tauschen gab, schon gar kein Brot, das jeder selbst auffraß, 600 Gramm bei Normerfüllung, das bedeutet, mit allen Schlechtwetter-Koeffizienten, acht Festmeter Holz zu zweit, vierzehn Bäume täglich, alles mit der Hand, Ein-Meter-Bohlen, entastet, bei 90 Prozent gibt es noch 500 Gramm schlechtes, glitschiges Brot, darunter verhungerst du: Bei 400 Gramm schaffst du die 400-Gramm-Norm nicht mehr, dann geht es abwärts, irgendwann kriegst du den Blick, diesen Blick, den sie kriegen, bevor sie am Morgen steif auf der Pritsche liegen, dann tragen sie dich hinaus, so wie du die anderen hinausgetragen hast, an der Wache vorbei, wo sie kurz noch anhalten, und der Wachhabende drückt seine Machorka aus und nimmt den Hammer, Vorschrift ist Vorschrift, und schlägt dir, dem Toten, den Schädel ein.

Alexander

Der Sonnenuntergang wird sein wie immer. Alle pazifischen Sonnenuntergänge, so hat er festgestellt, sind gleich: groß und rot und von einer – er weiß noch nicht, ob beruhigenden oder beunruhigenden – Gleichgültigkeit.

„Liebe Marion. In letzter Zeit passiert es häufig, dass ich an dich denke. Oft aus geringstem und, zugegeben, manchmal unbegreiflichem Anlass. Dass du mir beim Anblick des Sonnenuntergangs einfällst, mag noch angehen. Aber warum fällst du mir ein beim Anblick eines blauen Sonnenschirms – wo du doch Blau nicht magst? Warum fällst du mir ein, wenn ein Vogelschwarm von einer Stromleitung auffliegt? Warum fällst du mir ein, wenn ich meine Hand auf den lauwarmen Sand lege?

Am schlimmsten – am schlimmsten? – ist es nachts, wenn ich unter meinem Moskitonetz liege und durch die jämmerlichen Wände meines Verschlags die Stimmen der alt gewordenen Hippies höre, die da draußen sitzen und sich ihre Geschichten erzählen. Dann denke ich besonders an dich. Warum gerade dann? Weil ich mich ausgeschlossen fühle? Weil ich das Gefühl habe, nicht dazuzugehören? Aber ich habe immer, mein Leben lang, das Gefühl gehabt, nicht dazuzugehören. Obwohl ich mein Leben lang gern irgendwo dazugehört hätte, habe ich das, dem ich hätte zugehören wollen, niemals gefunden. Ist das krank? Fehlt mir irgendein Gen? Oder hat das mit meiner Geschichte zu tun? Mit der Geschichte meiner Familie? Wenn ich ehrlich sein soll: Nichts zieht mich, wenn ich unter meinem Moskitonetz liege, nach draußen, an diesen Tisch. Und doch empfinde ich, wenn ich sie lachen höre, eine fast schmerzhafte Sehnsucht.

Manchmal denke ich, dass ich dir gar nicht schreiben darf. Dass ich einfach verschwinden sollte aus deinem Leben. Dass ich das, was ich mir eingebrockt habe, nun allein auslöffeln sollte. Wie kann ich jetzt, wo mich die Krankheit erwischt hat, unter deine Decke kriechen wollen? Wie kann mir jetzt einfallen, Sehnsucht nach dir zu haben? Aber ich habe Sehnsucht.

Und das Seltsame ist: Es ist nicht einmal schlimm. Doch, es ist schlimm, aber gleichzeitig tröstlich. Es ist tröstlich, dass es dich gibt. Es ist tröstlich, an deine dicken schwarzen Haare zu denken. An den Geruch deines Nackens, wenn ich an deinem Rücken liege. Oder daran, wie du im Halbschlaf vor Behaglichkeit wimmerst.

Ja, es ist tröstlich, so an dich denken zu können, und manchmal frage ich mich: Vielleicht genügt das? Einerseits tut es weh, dass ich, als du greifbar nah warst, so fahrlässig mit alledem umgegangen bin. Andererseits mache ich gerade die seltsame Erfahrung, dass man nicht unbedingt besitzen muss, was man liebt. Einerseits zieht es mich zu dir, um nachzuholen, was ich zu geben versäumt habe. Andererseits fürchte ich, dass ich – nach dem, was mir die Medizin prognostiziert – umso mehr nur der Nehmende wäre. Einerseits möchte ich dir das alles gern schreiben. Andererseits fürchte ich, du wirst es als eine Art Heiratsantrag aufnehmen – und das ist es ja auch.“

Nach der Schachpartie, die er nach dem siebzehnten Zug aufgegeben haben wird, wird er sich in die Hängematte vor seiner Zimmertür legen.

Dann werden die Palmenblätter aufgehört haben zu rascheln. Verstummt sein wird das Schreien und Lachen im Dorf und das Geklapper in der hauseigenen Küche. Die Motoren werden schweigen, und schweigen werden auch die Radiostimmen, die sonst zu allen Tageszeiten aus den Lautsprechern einer gerade eröffneten Bankfiliale herüberschwappen.

Einzig das Knirschen der Hanfseile wird noch zu hören sein. Und das gleichgültige, ferne Rauschen des Meeres.

Eugen Ruge: In Zeiten des abnehmenden Lichts (2009)

* Zubereitet nach einem alten Rezept burgundischer Mönche

** Lateinlehrbuch

Fußball und Liebe im Bergdorf St. Peter am Anger

Bauerngeschichten in den Bergen – das hatten wir schon mal bei Jeremias Gotthelf. Um 1840 fand der Knecht Uli seinen Weg als künftiger Pächter und die dazu passende Frau. Der Roman von Vea Kaiser spielt eineinhalb Jahrhunderte später, zu unseren Zeiten. Da gibt es verstockten Bauernsinn neben Offenheit für die Segnungen der Technik, wissenschaftliche Neugierde, gelehrte Rede über die alten Griechen und derbe Mundart. Die Bauernburschen haben Motorräder und ein Tischfußballspiel mit Münzen – Gatschhupfer und Pfitschigoggeln. Am Sportplatz steht eine Flutlichtanlage, in den Häusern der Fernseher mit Flachbildschirm. Und für die Marillentorte werfen die Frauen die elektrische Teigrührmaschine an.

St. Peter ist kein richtiges Bauerndorf. Unter den Bewohnern finden wir drei Briefträger, mehrere Tischler, einen Automechaniker, eine Friseurin und eine Kaffeehausbetreiberin. Auch einen Pfarrer mit Köchin und einen Gemeindediener. Zwar gibt es einen Schweine- und einen Schafbauern, auch einen ganz gewöhnlichen Alpenlandwirt. Aber wir sehen sie nie bei ihrer Arbeit. Eher im Wirtshaus, wo sie Adlitzbeerschnaps trinken – ein edler Brand aus der Elsbeere, wohl mit der Vogelbeere verwandt – und streiten. Auf Dorfversammlungen geht es laut zu. Demokratisch immerhin. Aber nicht ohne Beschimpfungen. Die Frauen bestellen den Hausgarten oder klatschen im Café.

Der Held der Geschichte ist Johannes Irrwein. Er hat subtile Kenntnisse über die Antike erworben, liest und spricht Griechisch und schwärmt für den Historiker Herodot. Die Dorfbewohner nennen ihn einen „Hochgeschissenen“. Er scheitert bei der Matura und kehrt zurück ins alpenländische Leben. Eher ungewollt vereinbart er ein Fußballspiel mit einer norddeutschen Bundesligamannschaft und den Balltretern seines Dorfs. Das Spiel Sankt Petri gegen Sankt Pauli endet 4:29.

Johannes' Freund Peppi schießt ein Tor. Und am Rande des Fußballs finden er und seine Freundin Maria wieder zusammen.

Mit viel Erzählfreude, Spott, aber auch Wohlwollen für ihre Figuren schreibt Vea Kaiser über dörfliches Leben in den Hochalpen. Ein vergnüglich zu lesender und im guten Sinne unterhaltsamer Roman.

*

Ohne dir spül i nur schaß

Die Position des Stürmers verlangt den Instinkt, Lücken zu erkennen, noch bevor sie sich auftun, um im geeigneten Moment in Aktion zu treten, und dabei niemals den Gegner aus dem Auge zu lassen. Wie bei jedem seiner Tore, bei all den Sensationsschüssen und Hattricks, Freistößen und Elfmetern, roch Peppi seine Chance – Günther und der Rest der Familie Rettenstein waren beschäftigt, Maria war allein –, und wie vom Blitz getroffen lief er los, übersprang mit einem Satz alle Stufen und hinaus aus dem Fußballhaus.

An der kaputten Ecke des Bürgerzentrums, wo Generationen von übermütigen Autofahrern die

Kurve unterschätzt hatten und gegen die Hauswand gekracht waren, holte er Maria ein.

Sie erschrak, als er plötzlich und unerwartet neben ihr auftauchte. Ihre Wangen waren erkennbar gerötet, ein schmaler Schweißstreifen zeichnete sich zwischen ihren geschwollenen Brüsten ab, doch Peppi achtete nur auf ihre kleine Stupsnase, auf der eine Strähne ihres Haares klebte. Leise drang das von Fettdampf getragene Gebrüll aus dem Fußballklubhaus über die Zufahrtsstraße an jene Ecke der Kreuzung zum Dorfplatz.

Peppis Kopf war auf einmal ganz leer, als er vor ihr stand, auch Maria war die Stimme stecken geblieben, bis sich der Stürmerstar räusperte: „Gehst scho heim?"

„Jo. Du woaßt jo, i mag des net, wenn olle so streitn. Und de Butzerln g'spüren natürli, wenn i mi aufreg."

Maria legte die Hände auf ihren Bauch, Peppi steckte seine Hände in die Taschen der Trainingsjacke und biss auf seinen Kragen, wie immer, wenn er nicht mehr weiterwusste. Maria lächelte schüchtern und zuckte im nächsten Moment zusammen.

„Maria! Alles o. k.? Is wos? Geht's los?", fragte Peppi besorgt, legte seine Hand auf ihren Oberarm und machte Anstalten, sie aufzufangen.

„Ollas o. k. Passt scho. Nur de Babys ham grad so richti hefti tretn. Des schreckt mi immer." Maria streichelte die Stelle, von der das Treten auszugehen schien, und sagte nach einer kurzen Pause, fast flüsternd: „De tretn immer, wenn s'di sehn. Des erste Moi ham sie si g'rührt, ois du beim Spiel gegen Leonhard am Forstberg vo da Mittellinie losg'stürmt bist." Peppi hob seine Augenbrauen:

„I hab gar net g'wusst, dass du da da g'wesen bist?"

„Na jo, des woar s'letzte Heimspiel in da Saison. Des wollt i scho sehn. I hab mi nur versteckt, damit du mi net siehst. I hab jo net g'wusst, ob da des recht is, wenn i kumm. Und i wollt net, dass'd dann schlecht spülst, weilst di ärgern musst, dass i da bin."

Maria sah wieder zu Boden, Peppi legte seine Hand zärtlich unter ihr Kinn und drehte ihren Kopf in seine Richtung, bis sie ihm in die Augen schaute.

„Owa Maria, was redst denn? I g'freu mi do jedes Mal, wennst da bist. Du weißt scho, du bist mei Glücksfee. Und i hab jo g'ahnt, dass'd da warst. Weil ohne dir spül i nur Schaß zam." Peppi schluckte, atmete tief ein, deutete auf ihren Bauch und fragte schüchtern: „Darf ich?"

Maria lächelte und legte seine Hand auf ihren Bauch. Als wäre angepfiffen worden, strampelten die Babys los. Peppi lachte, Maria strahlte selig.

Den anen zu Barca, den andern zu Bayern

„Peppi?"

Peppi blieb stehen und lauschte in die Stille. Grillen zirpten, unaufgeregt plätscherte der Mitternfeldbach über die weißgespülten Steine ins Tal.

„Hey, Peppi, da bin i."

Peppi stellte die Sporttasche auf den Kies und folgte der Stimme Richtung der Tribünen. Kaum dass er die kleine Kurve um den aufgeschütteten Hang genommen hatte, in den die Sitzreihen gebaut waren, entdeckte er den Schatten einer kleinen Person mit großem Bauch. Peppi lächelte und balancierte elegant auf dem schmalen Gehstreifen an den hochgeklappten Plastiksitzen der ersten Reihe vorbei.

„Maria, was machstn du da?“

Peppi drückte einen der schrill quietschenden Sitze neben ihr hinunter.

„Klaner Nachtspaziergang.“ Marias Stimme klang schüchtern, und er merkte sofort, dass sie geweint hatte. Vorsichtig legte er seine Hand auf ihren Oberschenkel.

„Guat schaust aus“, flüsterte er ihr zu und wartete, dass sie lächelte. Maria antwortete bitter:

„Geh, I fühl mi wia a Walfisch, der wos a Regentonne verschluckt hat.“

„Des geht vorbei. Owa du weißt jo, mir g'fallt des, wenn deine Wangen so liab leuchten.“

Maria lachte und legte ihre Finger auf Peppis Handrücken.

Sie trug ein hellrotes Röckchen, das um den Bund einen dicken Gummizug hatte, der unter ihrem Bauchansatz verschwand. Eine weiße Bluse, die früher eines der Hemden ihres Vaters gewesen war, bedeckte Marias Bauch, und locker hing ihr ein mintgrüner Kapuzenpulli über die Schultern. Zitternd legte sie ihren Kopf auf Peppis Schulter. Peppi spürte den Ärmel seines T-Shirts nass werden. Vorsichtig küsste er ihren Kopf, vergrub seine Nase in ihrem Haar und schluckte selbst Tränen hinunter.

„Maria, wein do net“, flüsterte er und presste die Lippen gegen ihren Scheitel.

„Tuat ma leid, Peppi, i bin so deppert. I wünscht, i könnt de Zeit z’ruck drehn. I hab uns kaputt g’macht.“

„Geh, Maria. Sag so was net. Wenn a Beziehung kaputtgeht, g’hörn immer zwa dazu. Wahrscheinli hab i dir net oft g’nug g’sagt, wie lieb i di hab. Wahrscheinli war i immer z’cool, z’blöd, z’deppert.“

Marias Weinen wurde stärker.

„Is scho guat. I bin immer für di da, a wenn i net da Mann für dei Leben sein sollt, i möcht immer in deim Leben sein.“

Peppi bemühte sich, so liebevoll wie möglich zu klingen, doch Maria weinte nur noch mehr. Er umfasste sie mit beiden Armen, drückte sie ganz nah an sich, bis er die kleinen Butzerl gegen seinen Nabel treten spürte.

„Hey, Maria, außerdem du brauchst ja wen, der was Profis aus deine zwa Fuaßballerbabys macht. Wirst scho sehn, i werd den anen zu Barca, den andern zu Bayern bringen.“

Vea Kaiser: Blasmusikpop (2012)

Biographische Strukturen

Interdisziplinäres Denken, das Nutzen und Anwenden von Methoden und Sichtweisen aus anderen Fachbereichen, ist populär – auch in der Literatur, wie es der Titel *Quasikristalle* anklingen läßt. Dan Shechtman, israelischer Physiker und Nobelpreisträger, entdeckte 1984 diese Kristalle mit einer ungewöhnlichen Struktur: Sie sind im lokalen Maßstab in eine regelmäßige Struktur eingebettet, global umgibt jede Zelle aber ein anderes Muster. Dies ist übertragbar auf die Hauptperson in Eva Menasses Roman. Die Protagonistin Xane Molin ist eingebettet in eigene biografische Strukturen und verbunden mit anderen Personen. Auf den ersten Blick gewöhnlich Erscheinendes wird aus der Nähe betrachtet, aus anderer Sicht, in verschiedenen Erzählformen durchbrochen.

Neben der Protagonistin Xane Molin schildern in 12 Kapiteln die Figuren, die das Leben der eigentlichen Hauptperson umgeben, aus verschiedenen Perspektiven ihr Leben, das in unterschiedlichen biografischen Abschnitten mit Xane verknüpft ist. So lernt der Leser Xane mitunter in ihren Rollen als pubertierende Tochter, Ehefrau, Freundin, potenzielle Geliebte, Mutter, Stiefmutter, Patientin, Mieterin und Arbeitgeberin kennen. Gleichzeitig taucht er in die jeweils andere Gedankenstruktur und Identität ein. Die Erzähltechnik erinnert an Balzacs *Menschliche Komödie*, in der er jeden Charakter einer Gesellschaft darstellen wollte und diesem jeweils ein Buch widmete. In diesem Fall ist jedem Charakter ein Kapitel zugeordnet, die Denkweise der Person wird anhand der Sprechweise, des Erzählduktus und der Lebensmuster deutlich.

Der „lebensweise“ Roman Quasikristalle – so ein Kritiker – ist „der Versuch, das Vergehen der Zeit selbst erfahrbar zu machen.“ Doch neben der Zeit ist es auch das Leben an sich, mit all seinen Verwicklungen, Irrtümern, Schickalsschlägen und deren Unvorhersehbarkeit sowie das Eingebettetsein in Strukturen, die mal mehr, mal weniger durchbrochen werden.

*

Nelson

Plötzlich rumpelte der Bus, als hätte er etwas überfahren. Das Licht fiel einen Moment lang aus, ein, zwei Mädchen schrien auf, gewiss weniger aus Angst, sondern aus einem von Fernsehserien erzeugten Habitus. Der Fahrer bremste scharf, Nelson bemerkte die Hände ringsum, die sich wie choreografiert zu den gelben Haltestangen hoben, manche waren schon dort, packten aber fester zu. Alles bebte, vor, zurück, dann stand der Bus still. Der Fahrer stieg aus, schien im Regen umherzutappen, man konnte nicht viel sehen, es war ziemlich voll. Als Nelson wieder von der Zeitung aufsah, traf sein Blick den einer Frau, die ihm gefiel. Sie hob fragend die Augenbrauen, er ebenfalls, beide lächelten. Nelson las weiter. Später gab es eine Durchsage, und die Türen gingen auf. Einige machten sich murrend unter den Regenschirmen davon, andere begannen zu telefonieren, der große Rest schien auf irgendetwas zu warten. Nelson stand auf, kämpfte sich nach vorn und fragte den Fahrer, ob er Englisch spreche. Der schüttelte den Kopf, unfreundlich wie alle, die sich schämen, griff aber immerhin zum Mikrofon und fragte seine Passagiere. Die Frau, mit der Nelson Blicke getauscht hatte, kam nach vorn. Besser hätte er es nicht treffen können.

Das Ding ist kaputt, erklärte sie und lächelte wieder, er sagt, es kommt Ersatz, aber das kann dauern. Wo müssen Sie hin?

Er zeigte ihr den Zettel, auf dem er die Adresse eines alten Freundes notiert hatte. Der Straßenname war so lang und konsonantengespickt, dass er lieber nicht versuchte, ihn vorzulesen. Die Frau besprach sich mit dem Busfahrer, Nelson musterte sie in aller Ruhe. Sie war nicht so jung, wie sie auf den ersten Blick wirkte, aber natürlich viel jünger als er. Müdigkeit lag über ihrem Gesicht wie eine zweite Haut. Sie war ein Typ, der beim zweiten und dritten Blick schöner wurde, sodass man sich über den eigenen ersten, den flüchtigen, beinahe zu ärgern begann. Was, wenn der Busfahrer Englisch gekonnt hätte? Dann wäre sie ihm entgangen.

Nelson wunderte sich über gar nichts mehr. Er hatte schon früher in den seltsamsten Situationen Menschen getroffen, die ihm eine Weile geblieben waren, manche für immer. Er erkannte sie sofort, an einem ganz bestimmten freien Blick, bei dem man sich einhaken konnte, ohne Bedingungen.

Xane

Am Abend findet Mor eine E-Mail vor, die ihn am folgenden Tag zu Violas Klassenlehrerin bittet. Viola, dieses pubertäre Monster, hat angeblich nicht die geringste Ahnung, warum. Vielleicht findet sie dich geil, Papa, sagt sie und wirft mir einen Blick unter den violett getuschten Wimpern zu. Ich stehe auf, gehe in unser Schlafzimmer, lege mich auf das

Bett und versuche, meine Aggressionen wegzuatmen. Ich denke daran, wie ich ihr zum Geburtstag die Käthe-Kruse-Puppe schenkte. Da war sie fünf, und charmant wie ein Kinderstar. Sie küsste mich zum Dank auf beide Ohren. Warum auf die Ohren, fragte ich sie. Damit du hörst, wie sehr ich mich freue.

Ich habe mir diese Szene wahrscheinlich zu oft vorgestellt, denn sie ist abgenutzt. Zwischen damals und heute scheint ein großes Verbindungsstück zu fehlen. Die transitorischen Jahre. Heute spricht sie mich kaum noch direkt an, sondern wendet sich an Mor und sagt die da. Fehlt nur, dass sie mit dem Finger zeigt. Und ich kann sie ohnehin kaum anschauen, mit diesen Metallteilen in der Nase und Zunge und den zugeschminkten Augen.

Am nächsten Tag erscheinen wir, das aufgeschlossene, kooperative Elternpaar, gemeinsam bei der Lehrerin. Alle Lehrer unserer Töchter verströmen seit jeher ein wortloses, klebriges Mitleid. Kinder, die von der Mutter verlassen wurden, sind einfach schwer beschädigt, lautet der Subtext. Da kann man nichts machen. Da muss man mit allem rechnen. Dass diese Kinder seit vielen Jahren völlig andere Erfahrungen machen, fällt ihnen gar nicht auf. Monokausales Denken.

Es gebe Hinweise darauf, dass die Clique, mit der Viola unterwegs sei, Haschisch konsumiere. Aus Mor platzt ein Haha wie ein Schuss, er entschuldigt sich sogleich.

Die Lehrerin legt ein auf Papier ausgedrucktes, sehr verschwommenes Foto auf den Tisch. Mor und ich begreifen nicht, was es ist. Könnte das ihre

Tochter sein, fragt sie. Vielleicht, sagt Mor. Sie hat so einen gelben Schal, sage ich. Alle haben gelbe Schals, sagt Mor. Senfgelb ist gerade modern, sage ich und versuche ein Lächeln, eine scheußliche Farbe. Das Gelbe im Hintergrund ist die Rückseite einer U-Bahn, sagt die Lehrerin. Sie nennen das U-Bahn-Running. Sie springen in die Gleisbetten und fotografieren einander. Es gibt immer wieder Tote.

Auf dem Rückweg schweigen wir. Zu Hause machen wir uns Tee und beginnen ohne Einleitung zu streiten, ja, es scheint mir, als öffneten wir nur die Münder und brüllten sofort aufeinander ein. Es ist das alte Lied. Ich bin der Meinung, dass Viola von klein auf um Grenzen gebettelt hat und Mor immer zu weich mit ihr war. Ich weiß auch warum: weil er erpressbar war. Weil er Angst hatte vor Oma Anke, die alles versuchte, um die Kinder ganz zu bekommen, die ihnen ungeniert eine Reise nach Indien, zur Mama, versprochen hat, für die man natürlich ein bisschen Zeit brauchte. Die euer Papa mir einfach nicht geben will, vielleicht könnt ihr ihn noch einmal lieb darum bitten. Und ähnliche Sauereien mehr. Diese Erpressbarkeit haben die Kinder natürlich gespürt. Zumindest Viola hat sie gespürt, die hat ein Sensorium für alles, was ihr nützt. Bei Emmy weiß man nie so genau, was zu ihr durchdringt.

Mor hingegen wird sofort persönlich, wie immer, wenn er wütend ist. Wenn er richtig wütend ist, habe ich Angst vor ihm. Er kennt mich so gut, er verletzt mich, wo er nur kann. Er entwirft ein so schreckliches Bild von mir, dass ich momentelang überzeugt bin, unsere Beziehung ist zu Ende, hier und jetzt, und mir bleibt, wegen meiner moralischen Verkommenheit, nur der Weg in den

Selbstmord. Bis mir wieder, gleichsam beim nächsten Atemzug, einfällt, dass er mich strategisch plattwalzen will und niemand so über den Menschen denken könnte, mit dem er freiwillig zusammenlebt. Bis mich die Empörung über die ziselierten Abwertungen meines Charakters in die nächste Attacke auf seine Kindererziehungsdefizite treibt.

Beim Streiten wird Mor eiskalt und leise. Seine Sätze beginnen mit Du solltest einmal darüber nachdenken, dass du immer. ... Ich versuche das Gleiche, wir kreuzen die Klingen. Wenn man uns ohne Ton filmte, sähe das anfangs bestimmt gelassen aus: Hier diskutieren zwei vernünftige Menschen hart, aber fair. Doch nach einer Weile kann ich nicht mehr. Erst höre ich ihm länger und länger zu und lasse seine Wort wie Stiche in mich eindringen. Dann beginne ich zu schreien und zu weinen, ich schlage mit den Fäusten auf den Tisch oder gegen Wände, ich springe auf, stampfe mit dem Fuß und schüttle die Faust wie eine Erinnye. Zum Schluss verlasse ich heulend und türenknallend den Raum, um mich irgendwo einzusperren. Er läuft mir hinterher und hat plötzlich wieder seine normale Stimme, die warme, werbende. So endet es jedes Mal.

Eva Menasse: Quasikristalle (2013)

Dit Huus is mien

Sie alle fliehen von irgendwo. Die ostpreußische Gutsherrin Hildegard von Kamcke vor den näher rückenden Russen. Deren Nichte Anne vor der neuen Geliebten ihres Freundes. Die sonntäglichen Besucher des Dorfs aus dem Leerlauf ihres Großstadtlebens.

Und irgendwo kommen sie an. Aber kein freudiger Empfang wird ihnen zuteil, sondern ruppige Ablehnung. *Van mi givt dat nix*, erklärt die Bäuerin in der Elbmarsch, bei der Hildegard unterkommt. Mit der kleinen Tochter schläft sie in der Gesindekammer und stiehlt Milch frisch von der Kuh und Äpfel, um nicht zu verhungern. Anne wird von einem einheimischen Bauern unwirsch zurechtgewiesen, als sie ihren Wagen an der falschen Stelle parkt. Die Erzieherinnen im Kindergarten rümpfen die Nase über die Kopfläuse ihres Sohns Leon. Vera, das Kind aus dem Osten, wird in der Schule als „Polackenbalg" beschimpft. Mit Fausthieben, hervorragenden Leistungen und später als Zahnärztin verschafft sie sich Respekt. Aber sie bleibt eine Fremde unter den Dorfbewohnern.

Das Bauernhaus, das Vera erbt, ist die erzählerische Mitte von Dörte Hansens Roman *Altes Land*. Hier laufen die Handlungen zusammen und finden die Figuren zueinander. Aber das alte Haus mit dem Schilfdach und den verwitterten Fensterrahmen hat wenig Anheimelndes. Es ist kein Hafen des Friedens für die Gestrandeten. *Dit Huus is mien un doch nich mien, de no mi kumm, nenn't ook noch sien.* steht über dem Eingang. Es gewährt seinen Bewohnern nur einen vorübergehenden Aufenthalt. Drinnen ist es kalt und ungemütlich.

Die Dielen und Balken knarren und knacken. Das Dach ist undicht. Nach einer Sturmflut steht auch mal das Wasser des großen Flusses in Küche und Stube. Ein Zuhause mit Abstrichen.

Und die Menschen, die es beherbergt, werden heimgesucht von schrecklichen Erinnerungen, die unausrottbar lebendig sind. Sie überwuchern alles, was das alte Haus an Geborgenheit geben könnte. Karl, der Sohn der Besitzerin, wacht schreiend auf aus nächtlichen Alpträumen und liegt weinend im Bett. Er flieht immer wieder vor den Soldaten der Roten Armee. Vera kann die Schrecken der Flucht nicht vergessen, die ins Eis einbrechenden Fuhrwerke, die Todesschreie der Pferde. Die Toten im Straßengraben und die mit schiefen Hälsen, die an den Bäumen hingen. Und den Kinderwagen mit dem erfrorenen Bruder, den die Mutter einfach stehenließ und weiter zog.

Aber solche Häuser mit vernachlässigten Gärten und alten Bäumen, auf denen untergegangene Apfelsorten wachsen, locken Stadtbewohner an. Schickimicki-Mütter aus Hamburg und zweitklassige Journalisten. Sie ernähren sich von Tofuwürstchen und kaufen Fliederbeerengelee im bäuerlichen Hofladen. Dörte Hansen führt manchen spöttischen Seitenhieb gegen diese Leute, die „Vollwertmütter" aus dem Stadtteil Ottensen, die sich von ihren Kindern mit dem Vornamen anreden lassen. Anne ist gern aus diesem Milieu geflohen. Kinder, die Clara-Feline oder Nepomuk heißen, hat sie in der musikalischen Früherziehung betreut. Die Kleinen sabbern mit Lust in ihre Flöten und hämmern auf Xylophone. Weil sie am Keybord unterfordert sind, werden sie auf Harfe oder Flügelhorn umgeschult.

Auf dem Land ist manches besser als in der Stadt mit all ihrem verkrampften Firlefanz. Das ist die diskrete Botschaft des Textes. Aber das Dorf und seine kernigen Bewohner, die in Gummistiefeln auf dem Traktor sitzen und Pflanzenschutzbrühe sprühen, sind keine heitere Idylle. Es gibt gegenseitige Hilfe – zum Beispiel bei der Anfertigung von Rehwurst -, freundliche Nachbarschaft und eine gewisse Unbefangenheit im Umgang der Menschen miteinander. Aber auch Engstirnigkeit und Häme. Nackt in der Elbe baden, in Unterwäsche ein Kopfsprung von der Lühebrücke oder am Strand sitzen und rauchen – das geht zu weit! *De kriggt keen af*, sagen die Bauern über Vera.

Eine alte Bäuerin pendelt irgendwann an einem Strick im Dachboden. Ihr dahinsiechender Sohn wird später an einer kräftigen Dosis Gift sterben, das der Tierarzt stiftet und eigentlich für verletzte Pferde vorgesehen ist. Erlösung von unerträglichem Leid? Der alte Mann hat nicht darum gebeten. Freundliche Tötung also? Aber das ist schon zu streng gefragt. Der Text läßt sich auf solche Überlegungen nicht ein. Auf dem Land gedeiht der Mensch besser als in der Stadt. Aber das alte Bauernhaus, das Dorf, die Blumen in den gepflegten Gärten, die Obstbäume und der nahe Fluß sind keine heile Welt. Hüte Dich, lieber Leser, vor dieser naiven Illusion. Das ist die andere diskrete Botschaft von Dörte Hansens Erfolgsroman *Altes Land*.

*

Ankunft

Vom Fachwerk der Fassade war die Farbe abgeblättert, und die rohen Eichenständer steckten wie graue Knochen in den Mauern. Die Inschrift am Giebel war verwittert, aber Vera wusste, was da stand: *Dit Huus* is *mien un doch nich mien, de no mi kummt, nennt't ook noch sien.*

Es war der erste plattdeutsche Satz, den sie gelernt hatte, als sie an der Hand ihrer Mutter auf diesen Altländer Hof gekommen war.

Der zweite plattdeutsche Satz kam von Ida Eckhoff persönlich und war eine gute Einstimmung gewesen auf die gemeinsamen Jahre, die noch kommen sollten: „Woveel koomt denn noch vun jau Polacken?“ Ihr ganzes Haus war voll von Flüchtlingen, es reichte.

Hildegard von Kamcke hatte keinerlei Talent für die Opferrolle. Den verlausten Kopf erhoben, dreihundert Jahre ostpreußischen Familienstammbaum im Rücken, war sie in die eiskalte Gesindekammer neben der Diele gezogen, die Ida Eckhoff ihnen als Unterkunft zugewiesen hatte.

Sie hatte das Kind auf die Strohmatratze gesetzt, ihren Rucksack abgestellt und Ida mit ruhiger Stimme und der korrekten Artikulation einer Sängerin den Krieg erklärt: „Meine Tochter bräuchte dann bitte etwas zu essen.“ Und Ida Eckhoff, Altländer Bäuerin in sechster Generation, Witwe und Mutter eines verwundeten Frontsoldaten, hatte sofort zurückgefeuert: „Von mi gift dat nix!“

Vera war gerade fünf geworden, sie saß frierend auf dem schmalen Bett, die feuchten Wollstrümpfe kratzten, der Ärmel ihres Mantels war getränkt vom Rotz, der ihr unaufhörlich aus der Nase lief.

Als es dunkel wurde und im Haus alles ruhig war, schlich Hildegard durch die Diele nach draußen, kam zurück mit einem Apfel in jeder Manteltasche und einem Becher kuhwarmer Milch. Als Vera ausgetrunken hatte, wischte Hildegard den Becher mit ihrem Mantelsaum aus und stellte ihn leise zurück in die Diele, bevor sie sich zu ihrer Tochter auf die Strohmatratze legte.

Zwei Jahre später kam Karl Eckhoff heim aus russischer Gefangenschaft, das rechte Bein steif wie ein Knüppel, die Wangen so hohl, als hätte er sie nach innen gesogen, und Hildegard von Kamcke musste ihre Milch noch immer stehlen.

Von mi gift dat nix. Ida Eckhoff war ein Mensch, der Wort hielt, aber sie wusste, dass die *Person* jede Nacht in ihren Kuhstall ging. Irgendwann stellte sie neben den Becher in der Diele eine Kanne. Es musste beim nächtlichen Melken nicht auch noch die Hälfte danebengehen. Sie zog den Schlüssel für das Obstlager abends nicht ab, und manchmal gab sie dem Kind ein Ei, wenn es ihr mit dem viel zu großen Besen die Diele gefegt oder ihr beim Bohnenschneiden *Land der dunklen Wälder* vorgesungen hatte.

Drama aus Fertigteilen

Bis sie die Kleiderkisten und Bücherkartons, ihr Fahrrad, Leons Laufrad, die große Spielzeugtonne und ihre Zimmerlinde in den gemieteten Transporter geschafft hatte, war es früher Nachmittag.

Es hupte draußen auf der Straße, zweimal kurz, und Christoph ging. Sprang auf von seinem Küchenstuhl und rannte fast den Flur entlang, er zog dann vorsichtig die Tür ins Schloss, um Leon nicht zu wecken.

Anne hatte keine Ahnung, wie eine Fiat-Hupe klang, sie ging auch nicht zum Fenster, sie wollte gar nicht sehen, wie er ins Auto stieg, wollte vor allem nicht gesehen *werden.* Die Verlassene am Fenster, was für ein jämmerliches Bild.

Die letzten langen Tage miteinander hatten sich angefühlt wie die Proben für ein neues Theaterstück. Das ausgeliebte Paar in seiner alten Wohnung. Die Rollen waren verteilt, aber die Texte saßen noch nicht. Unbeholfen spielten sie den alten Klassiker vom Lieben und Verlassen. Der Betrüger, die Betrogene, das Kofferpacken, das Bilderabnehmen, das Schreien, das Flüstern, das Weinen, die roten Augen, die blassen Gesichter.

Ein Drama aus Fertigteilen, dachte Anne, größer haben wir es nicht.

Sie war jetzt froh, dass es zu Ende war. Dass sie rauskam aus dieser Wohnung, aus der Stadt, weg von dem verdreckten Taubentunnel, nie wieder mit nervösen Müttern auf dem Spielplatz sitzen, den Mann in seinen weißen Hemden nicht mehr sehen. Sie würde über Felder gehen. Das Weite suchen.

Vera Eckhoff wusste nicht viel von ihrer Nichte, aber sie erkannte einen Flüchtling, wenn sie einen sah. Die Frau, die da mit zusammengeschnürtem Gesicht ihre paar Kartons aus dem gemieteten Transporter holte, suchte eindeutig mehr als eine neue Erfahrung und etwas frische Luft für ihren Sohn.

Da draußen auf dem Kopfsteinpflaster standen zwei Unbehauste. Und ein Tier in einer Plastikbox, die der kleine Junge gerade zur Dielentür zerrte.

Anne hatte ihren Sohn eingepackt wie eine Made. Der Kleine konnte sich kaum bewegen in seinem dicken Schneeanzug, die Arme standen ihm seitwärts vom Körper ab, und die Beine scheuerten beim Gehen aneinander.

Vera wusste plötzlich wieder, wie sich das anfühlte: in fünf Lagen Kleidung verpackt vor diesem Haus zu stehen, das keine Fremden mochte. Weggejagt oder weggerannt, Bollerwagen oder Kleintransporter, das machte keinen großen Unterschied.

Als sie durch die Diele ging, um die große Tür zu öffnen, sah sie Ida Eckhoff vor sich. Ihr wütendes Gesicht am Tag, als die Polacken kamen.

Großstadt-Elsen

Dirk zum Felde hatte die Schnauze voll von Idioten in teuren Gummistiefeln, die unbedingt aufs Land ziehen mussten.

Es kamen immer nur die Ausgemusterten, die es in der Stadt nicht geschafft hatten. Akademiker und Kreative der Güteklasse B, zu angeschlagen für das Großstadtsortiment. Gesellschaftliche Ladenhüter, die auf dem Bauernmarkt noch einmal durchstarten wollten.

Am Anfang, als die Ersten kamen und er noch nicht ahnen konnte, dass eine ganze Invasionswelle folgen sollte, hatte er noch hin und wieder klargestellt, dass er selbst mal studiert und in WGs gewohnt hatte. Dass er nicht der Depp mit dem Diplom von der Baumschule war, für den sie ihn und alle anderen Alteingesessenen hier offenbar hielten.

Es hatte eine Weile gedauert, bis er kapiert hatte, warum sie das nicht hören wollten. Weil er ihnen das Panorama versaute. Ein diplomierter Agrarwissenschaftler, der mit moderner Landtechnik einen Altländer Obsthof bewirtschaftete, der Pflanzenschutzmittel auf seine Apfelbäume sprühte und sie einfach absägte, wenn sie nicht mehr trugen - das war wie eine vierspurige Autobahn in einem Heimatfilm. Er passte nicht ins Bild. Er störte sie.

Und sie störten ihn! Die verpeilten Kreativen, die aus den Städten in die Dörfer strömten, um sich zu *erden,* und dann tigerten sie mit ihren Golden Retrievern durch die Obstfelder und lungerten vor verfallenden Resthöfen und Landarbeiterkaten herum, und wenn dann noch Frühling war und sich irgendwo in einem verstrüppten Garten ein altersschwacher Apfelbaum zu seiner letzten Blüte aufraffte, dann gab es keinen Weg zurück. Dann hatten sie Blut geleckt und setzten sich wie die Zecken hier fest.

Diese verspannten Großstadt-Elsen mit ihren Sinnkrisen quengelten um marode Reetdachhäuser wie ihre Töchter früher um ein Pony. Es war so süß! Sie mussten es haben! Sie würden sich auch immer darum kümmern! Und dann fingen sie an, die Backstein-Ruinen für ein Schweinegeld aufzumöbeln und ihre *Bauerngärten* anzulegen und in den alten Ställen Keramikwerkstätten einzurichten.

Und wenn sie dann noch immer nicht kuriert waren, kauften sie Schafe und fingen an, ihren eigenen Käse zu machen, und alle, ausnahmslos alle diese neuen Landmenschen kochten, wie unter einem heimlichen Zwang, Gelee aus alten Apfelsorten.

Und dann kam er, Dirk zum Felde, mit seinem Traktor und dem Sprühwagentank voll Funguran, um seine hochgezüchteten Apfelbäume gegen Pilzbefall zu spritzen, und fuhr ihnen mitten durch ihr Freilichtmuseum.

Sie war ein Moos

Dann saß sie draußen auf der Bank, bis die Mückenschwärme aus den Gräben kamen, sie trank den Wein, der von der letzten Nacht noch übrig war. Es war noch hell, als sie sich in die Küche setzte. Sie sah den Mond aufgehen vor ihrem Küchenfenster.

Traute dem Frieden fast.

Wollte das Knacken erst nicht hören. Sie rief die Hunde zu sich. Ein alter Balken oder ein Knochen, der brach oder gebrochen wurde. Ein Huschen über ihrem Kopf.

Ein Tier oder ein Wind und müde Tänzer, die über den Boden schlurften mit ihren schweren Füßen.

Und eine Stille, die bis hundert zählte.

Ein Flattern vor der Küchentür, ein Flüstern aus den Mauern. Oder ein Atmen. Schwere Stühle, die geschoben wurden über rohe Böden. Ein Chor aus alten Stimmen sang sich leise ein.

Man durfte nicht alleine sein in diesen Häusern, sie waren dafür nicht gebaut. *De no mi kummt,* es kam niemand nach ihr, sie fiel.

Unter den alten Stimmen lag eine Stille, die noch älter war, alt und dunkel wie das Meer oder das All, das Fallen hörte nicht mehr auf, ein Fallen aus der Welt, wie losgelassen, es hielt sie keiner mehr. Unmöglich, Karl zu finden in dem tiefen Schwarz, er war hinabgesunken auf den Grund, wenn es ihn gab, den Grund, wenn nicht das Sinken einfach weiterging.

Etwas rollte, etwas Kleines, eine Kugel, eine Spule. Oder ein Silberknopf von einer alten Tracht. Oder sie selbst, die nur ein Spielzeug war, ein kleiner Kreisel, den das Haus in seinen dicken Wänden drehte.

Ein Kind, das weinte. Oder Katzen, die draußen wimmerten, Nachtvögel, die schrien, Vera konnte nicht mehr aus der Küche gehen, nicht in die Diele, wo ein Spalier aus bösen Stimmen stand.

Wo die Soldaten gingen, mit denen Karl marschiert war, jahrzehntelang in seinen Nächten, er hatte sie ihr alle dagelassen. Und Ida tanzte schlafend über ihr, und all die anderen, die sie nicht kannte, die hier geatmet hatten und gestorben waren.

Dit Huus is mien un doch nich mien... sie konnte hier nicht weg. Sie war ein Moos, das nur an diesen Mauern hielt. Das hier nicht wachsen konnte oder blühen, aber doch bleiben.

Sie war ein Flüchtling, einmal fast erfroren, nie wieder warmgeworden. Ein Haus gefunden, irgendeins, und dort geblieben, um nur nicht wieder in den Schnee zu müssen.

Die Elbe war gefroren in ihrem zweiten Winter hier im Alten Land, die Kinder gingen auf das Eis, Hinni Lührs mit seinen Brüdern, Hans zum Felde und die dicken Pape-Schwestern. „Vera, komm mit."

Dem Eis war nicht zu trauen, sie hatte es zerbrechen sehen und Menschen, die versanken. Manche waren stumm unter das Eis geglitten, sie hatten kein Geräusch gemacht, als hätte man den Menschen das Schreien unterwegs schon abgewöhnt, am schlimmsten schrien die Pferde.

Alles konnte man vergessen, wenn man es wirklich wollte, auch Vera Eckhoff konnte das. Vergaß das Knirschen der Schuhe im tiefen Schnee, das Dröhnen der Flieger, die Köpfe der Piloten, die man sehen konnte, wenn sie über das Eis geflogen kamen. Vergaß, wie rot und hell die Dörfer brannten, vergaß die Vogelscheuchen mit den schiefen Hälsen, die in den Bäumen hingen, all die verdrehten, stillen Körper in den Straßengräben.

Vergaß den kleinen Bruder in seinem kalten Kinderwagen, sogar die Puppe, *ihre* Puppe, die bei ihm lag auf seinem weißen Kissen, die Vera nicht mehr holen durfte, als sie den Kinderwagen stehen ließen, weil Hildegard sie einfach weiterzog. Einfach weg von ihrer weichen Puppe mit den echten Haaren, das Christkind hatte sie gerade erst gebracht.

Alles konnte man vergessen, nur wie die Pferde schrien, das vergaß man nicht.

Dörte Hansen: Altes Land (2015)

Lebensdaten – Textausgaben

Wulfila (311-383)

Die gotische Bibel. Darmstadt (Wiss. Buchgesellschaft). 1971

Hartmann von Aue († um 1220)

Der arme Heinrich. Stuttgart (Reclam). 2005

Unbekannter Dichter

Das Nibelungenlied. Stuttgart (Reclam) 2010

Martin Luther (1483-1546)

Das Newe Testament. D. Mart. Luth. Göttingen (Universitätsbibliothek). 1535

Das Neue Testament nach D. Martin Luther. Stuttgart (Privilegierte Württ. Bibelanstalt). 1904

Wie alt waren Joseph und Maria? www.cosmiq.de, September 2009

Andreas Gryphius (1616-1664)

Gedichte. Stuttgart (Reclam). 2012

Christian Hoffmann von Hoffmannswaldau (1617-1679)

Gedichte. Stuttgart (Reclam). 1994

Johann Jakob Christoffel von Grimmelshausen (1622-1676)

Der Abenteuerliche Simplicissimus Teutsch. München (dtv). 2008

Gotthold Ephraim Lessing (1729-1781)

Fabeln. Frankfurt a. M. (Fischer). 2009

Johann Wolfgang Goethe (1749-1832)

Reineke Fuchs. Stuttgart (Reclam). 1986

Friedrich Schiller (1759-1805)

Kabale und Liebe. Stuttgart (Reclam). 2014

Jean Paul (1763-1825)

Siebenkäs. Frankfurt a. M. (Insel). 1987

Heinrich von Kleist (1777-1811)

Sämtliche Erzählungen. Köln (Anaconda). 2011

Brüder Grimm: Jacob (1785-1863), Wilhelm (1786-1859)

Grimms Märchen. Köln (Anaconda). 2009

Jeremias Gotthelf (1797-1854)

Uli der Knecht. Zürich (Diogenes). 1978

Annette von Droste-Hülshoff (1797-1848)

Sämtliche Erzählungen. Frankfurt a. M. (Insel). 1993

August Kopisch (1799-1853)

Die Heinzelmännchen zu Köln. Frankfurt a. M. (Insel). 1989

Georg Büchner (1813 bis 1837)

Lenz. projekt.gutenberg.de

Theodor Storm (1817-1888)

Der Schimmelreiter. Frankfurt a. M. (Insel). 2011

Theodor Fontane (1819-1898)

Mathilde Möhring. München (dtv). 2005

Gottfried Keller (1819-1890)

Die Leute von Seldwyla. Stuttgart (Reclam). 1993

Wilhelm Raabe (1831-1910)

Der Hungerpastor. projekt.gutenberg.de

Heinrich Mann (1871-1950)

Der Untertan. Frankfurt a. M. (Fischer). 2009

Thomas Mann (1875-1955)

Doktor Faustus. Frankfurt a. M. (Fischer).1981

Alfred Döblin (1878-1957)

Berlin Alexanderplatz. München (dtv), 2002

Grete Reiner (1882-1944)

Die Abenteuer des braven Soldaten Schwejk (Übers. von Jaroslav Hašek: *Dobrý voják Švejk* [1921]). Berlin (Aufbau). 2004

Oskar Maria Graf (1894-1967)

Das Leben meiner Mutter. München (dtv). 2007

Joseph Roth (1896-1939)

Radetzkymarsch. München (Manesse). 2010

Erwin Strittmatter (1912-1994)

Der Laden. Berlin (Aufbau). 1997

Heinrich Böll (1917-1985)

Gruppenbild mit Dame. Köln (Kiepenheuer & Witsch). 2007

Hermann Kant (1926-2016)

Die Aula. Berlin (Aufbau). 2011

Günter Grass (1927-2015)

Mein Jahrhundert. Göttingen (Steidl). 1999

Ulla Hahn (*1946)

Aufbruch. München (dtv). 2011

Eugen Ruge (*1954)

In Zeiten des abnehmenden Lichts. Hamburg (Rowohlt). 2011

Vea Kaiser (*1988)

Blasmusikpop. Köln (Kiepenheuer und Witsch). 2012

Eva Menasse (*1970)

Quasikristalle. Köln (Kiepenheuer und Witsch). 2013

Dörte Hansen (*1964)

Altes Land. München (Knaus). 2015